Andrea M. Hesse

Schatten auf der Seele

HERDER spektrum

Band 5254

Das Buch

Kurz vor der Taufe ihrer kleinen Tochter war es auf einmal da, dieses diffuse Gefühl: plötzliche Angst, vermischt mit Niedergeschlagenheit. Statt besser zu werden, verschlimmert es sich. Es wird für Andrea M. Hesse zunehmend schwieriger, zu arbeiten und sich ihrem Kind zu widmen. Schließlich kann sie auch das Haus nicht mehr ohne Probleme verlassen. Die Diagnose: Panikattacken und Depression.

Medikamente bringen zunächst keine Besserung. Andrea M. Hesse sucht weiter. Von ihren Erfahrungen mit (alternativen) Heilmethoden und Therapien berichtet sie in diesem Buch: Homöopathie, Massagen, Verhaltens- und Gesprächstherapie – in ihrer Verzweiflung probiert sie alles Mögliche, was Heilung verspricht. Sie berichtet, was ihr geholfen hat und wo ihre Hoffnung auf Hilfe sie in die Irre führte. Andrea M. Hesse fühlt sich heute wohl. Und sie macht Betroffenen Mut, ihren eigenen Weg zu finden und sich Hilfe zu suchen, andererseits aber auch zu erkennen, was Scharlatanerie ist.

Sehr viele Menschen leiden heute unter Depressionen und Angst – prominente Beispiele sind etwa Hannelore Kohl oder Britney Spears. Andrea M. Hesses Bericht, ergänzt um einen ausführlichen Informations- und Serviceteil, zeigt Betroffenen und ihren Angehörigen: Es gibt Auswege aus der Verzweiflung. Jeder und jede Einzelne kann für sich eine gute Lösung erfahren.

Die Autorin

Andrea M. Hesse ist Journalistin und für zahlreiche Zeitschriften freiberuflich tätig.

Andrea M. Hesse

Schatten auf der Seele

Wege aus Depression und Angst

HERDER

FREIBURG · BASEL · WIEN

Für Harald und Anna Lea,
ohne die ich es nie geschafft hätte.

Gedruckt auf umweltfreundlichem,
chlorfrei gebleichtem Papier

Überarbeitete Neuausgabe

3. Auflage

© Verlag Herder Freiburg im Breisgau 1997, 2002
www.herder.de
Satzgestaltung: DTP-Studio Helmut Quilitz, Denzlingen
Druck und Bindung: fgb · freiburger graphische betriebe 2005
www.fgb.de
Umschlaggestaltung und Konzeption:
R·M·E München / Roland Eschlbeck, Liana Tuchel
Umschlagmotiv: © Hartmut W. Schmidt
ISBN: 3-451-05254-7

Inhalt

Teil II:
Informationen und Tipps für Betroffene
und ihre Angehörigen

Vorwort

Hat Krankheit einen Sinn? Können Angst und Depressionen Krankheiten sein? Ich meine, dass die Antwort auf beide Fragen ja ist – dieses Buch ist ein Beweis dafür. Die mutige, präzise und so gar nicht selbstgefällige Schilderung der Leidensgeschichte der Autorin hat nichts mit dem oft peinlichen Outing von Menschen zu tun, die sich in einer Art ständiger innerer Nabelschau befinden und aller Welt von deren Ergebnissen berichten müssen. Hier sucht eine von tiefer Angst und Depression Betroffene ihren Weg, findet ihn und – was das Wichtigste ist – geht ihn.

Die *Depressionen* gehören zu den häufigsten Volkskrankheiten, die leider oft – und dies wegen einer weit verbreiteten Unter- und Nichtbehandlung – chronisch werden. An Depressionen leiden 15 bis 20 Prozent der Bevölkerung irgendwann im Leben. Mit einer Depression geht eine 100fach erhöhte Sterblichkeit durch Suizid im Vergleich mit Gesunden einher und sie bedingt eine deutlich erhöhte Erkrankungswahrscheinlichkeit an Herz-Kreislauf-Erkrankungen wie Schlaganfall und Herzinfarkt, ebenso wie an Demenz, der häufigsten zu schwerer dauerhafter Behinderung führenden Erkrankung. Zu den Symptomen einer Depression zählen *seelische* Symptome wie traurige Verstimmung, Freudlosigkeit, Antriebsminderung, Konzentrationsminderung, vermindertes Selbstwertgefühl, Schuldgefühle, Hoffnungslosigkeit, Selbstmordgedanken, aber auch *körperliche* Symptome wie verlangsamter oder beschleunigter Bewegungsablauf (Akinese bzw. Agitiertheit), Schlafstörung, Appetitstörung, Kloßgefühl im Hals, Brustdruck, Magen-Darm-Störung, Hitze-/Kältemissempfindung, sexuelle Funktionsstörungen.

Auch *Angst* kann eine Krankheit sein. Heute leiden neun Prozent aller Deutschen an Angst. In Zeiten erhöhter Instabilität, wie etwa nach dem Anschlag auf das World Trade Center in New York, steigt dieser Prozentsatz deutlich an. Etwa 15 Prozent der Bevölkerung – wobei aus nachvollziehbaren Gründen der Anteil in den neuen Bundesländern relativ gesehen höher ist – leiden in ihrem Leben irgendwann an Angst in ihren vielfältigen Formen. Die Angst, die hier gemeint ist, hat ihren (so genannten) Realitätsbezug verloren und scheint dem Außenstehenden unangemessen. Der davon Betroffene ist organisch gesund, auch wenn er dies – und oft genug sein Arzt mit ihm – anfänglich nicht glaubt. Angst ist verbreitet und trifft tief. Sie ist geeignet, ein Leben in Gefahr zu bringen, eine bis dahin geordnete Biographie in Frage zu stellen, Beziehung, Familie und Arbeitsfähigkeit zu zerstören. Sie hat oft fließende Übergänge zu anderen psychischen Problemen von Krankheitswert, insbesondere zu *Depressionen,* aber auch zu Sucht und Zwangsstörung, mit denen sie auch gemeinsam auftreten kann.

Die *Behandlung dieser Krankheiten* ist nicht einfach: Dafür gibt es verschiedene Gründe, die einander teilweise noch verstärken. Einmal ist eine genaue und sorgfältige Diagnosestellung unter Einbeziehung aller lebensgeschichtlichen und aktuellen Gegebenheiten notwendig. Erfahrungen und Kenntnisse bezüglich Depressionen und Angstkrankheiten sind noch viel zu wenig verbreitet. Fehldiagnosen und eine Verwechslung mit anderen seelischen Störungen, aber auch besonders mit körperlichen Funktionsstörungen, sind an der Tagesordnung. Lässt sich der Arzt von der Atemnot oder vom Herzrasen oder dem Schwindel des Patienten geleitet darauf ein, ausschließlich die Organfunktion zu prüfen, bleiben oft nur Schulterzucken, gute Ratschläge oder die Verschreibung sicher unwirksamer Medikamente. Gerne erfolgt auch der Vorschlag: „Versuchen Sie es doch mal mit einem Psychotherapeuten, hier haben Sie eine Liste mit Adressen." Wie viel Zeit, Geld und vor allem auch Leid kostet eine falsche Diagnose. Dabei kann durch eine professionelle Behandlung dieser Erkrankungen sehr viel Leid bei den Betroffenen und in ihren Familien verhindert werden; ohne eine solche Behandlung kommt es oft zu Arbeitsausfall oder Arbeitsunfähigkeit, zu Frühberentung, zu Folgekrankheiten oder auch gelegentlich zum Suizid.

Darüber hinaus werden auf dem großen Markt der Psychoszene medikamentöse und nichtmedikamentöse Hilfen angeboten, mit denen sich der Betroffene nicht zurechtfindet. Das vorliegende Buch legt ein manchmal ergreifendes Zeugnis dafür ab. Ein Mensch in Not greift nach jedem Strohhalm, und derer gibt es viele. Wie kann er wissen, dass die meisten nichtmedikamentösen und auch medikamentösen Therapieangebote insbesondere der so genannten alternativen Medizin und Psychologie sicher unwirksam (nicht unsicher wirksam) sind? Sie unterscheiden sich nicht von Placebos und sie setzen – was noch problematischer ist – oft genug eine eigene Dynamik in Gang, die krankheitsverschlimmernd wirkt. Jedoch sind nicht nur therapeutische Angebote der alternativen Szene, sondern auch solche der so genannten Schulmedizin häufig unwirksam und im Effekt genauso problematisch. Dazu gehören nach heutigem Verständnis bei den Mitteln gegen Depressionen die Beruhigungs- und Schlafmittel, bei stärkeren Depressionen auch das bei milderer Ausprägung hilfreiche Johanniskraut sowie Medikamente zur Behandlung von Psychosen (Neuroleptika). Bei den gegen Angst verordneten Mitteln sind die Betablocker, die Langzeitbehandlung mit Beruhigungsmitteln (Benzodiazepine), die Neuroleptika und viele auf dem Markt befindliche Antidepressiva als problematisch einzustufen. Das gilt bei einer bestimmten Krankheitsausprägung auch für alle pflanzlichen und homöopathischen Mittel, bei denen ja das Fehlen von Nebenwirkungen geschätzt wird. Geeignet sind hingegen bestimmte Antidepressiva, bei denen Dosierung und der Umgang mit Nebenwirkungen in die Hand des Arztes gehören. Bei den Methoden sind in aller Regel wenig hilfreich die Psychoanalyse, Autogenes Training, Biofeedback und Ähnliches. Mit Abstand am geeignetsten sind verhaltenstherapeutische Methoden und Gesprächstherapie.

Die Ergebnisse kontrollierter Studien über die Behandlung von Depressionen können heute folgendermaßen zusammengefasst werden: Bei richtiger Diagnosestellung – die in aller Regel nur dem besonders geschulten Facharzt oder (ärztlichen bzw. psychologischen) Psychotherapeuten möglich sein wird – ist eine Behandlung mit guter Erfolgsaussicht möglich. Diese Behandlung sollte die Anwendung von bestimmten Medikamenten und von Verhaltenstherapie und Gesprächstherapie kombinieren.

Nur durch die Veröffentlichung von Erfahrungen Betroffener mit Therapien können manche Irrwege vermieden werden und dem unendlichen Irrtum eine Grenze gesetzt werden. Dieses Buch hilft dabei.

Dr. med. Claus Briesenick,
Neurologe und Psychiater
Baldham bei München

Teil I:

Schatten auf der Seele. Mein Weg
aus der Depression

Das erste Jahr: Angst essen Seele auf

Das innere Chaos beginnt

Der 1. Juli ist ein schöner, angenehm warmer Sommertag. Nur noch vier Tage, dann wird unsere Zuckermöhre getauft. Anna Lea ist jetzt fünf Monate jung. Rund fünfzig Freunde und Verwandte haben wir zu diesem einmaligen und besonderen Ereignis eingeladen.

„Wird die Prinzessin wohl weinen, wenn Harald ihr das Taufwasser über den Kopf träufelt? Wird meiner Familie der Taufgottesdienst auch gefallen, den wir geplant haben? Sollte ich nicht doch lieber Champagner statt Sekt anbieten? Hoffentlich rümpfen sie nicht ihre Nasen, weil wir in einem Gemeindehaus feiern?" Ständig kreisen meine Gedanken um das große Fest.

Anschließend gibt's jedenfalls Kaffee und Kuchen für die Gäste. Überhaupt ist das meiste schon längst organisiert, aber es bleibt immer noch einiges zu tun: Schokoladenmarienkäfer für die Tischdekoration fehlen, die Kuchen müssen bestellt und die Getränke geholt werden, den Blumenschmuck für die Kirche darf ich auf keinen Fall vergessen – und abends kommen dann die lieben Verwandten noch zum Leberkässessen zu uns. Obwohl ich immer in Aktion bin, fühle ich mich zunehmend eigenartig. Anders als sonst. Irgendwie fremd. Eine Mischung aus Vorfreude und Unbehagen durchströmt mich.

„Harald, ich fahre eben in den Euro-Industriepark. Sekt kaufen. Vergiss nicht, mit Anna Lea an die Luft zu gehen", verabschiede ich mich nach dem Frühstück. Der Supermarkt liegt am anderen Ende der Stadt. Ich aber fahre trotzdem hin, weil der Sekt dort im Angebot ist. Dennoch: Dieses merkwürdige Gefühl bleibt mir auf der Spur. Es beschattet und erwischt mich schließlich vollends. Auf einmal will, oder besser: kann ich nicht ins Parkhaus fahren. Lieber kurve ich über eine Viertelstunde umher. Ich bin wie in Trance. Aber ich muss in den Supermarkt. Nur wie? Los, Andrea, jetzt aber rein in dieses riesige schwarze Gebäude. Ins Parkhaus. Und indem ich einfahre, merke ich, wie mein Stresspegel steigt und steigt. Ich rase durch die Halle, schnell sind die sechs Kisten Sekt im Einkaufswagen verstaut. An der Kasse ergreift mich plötzlich eine starke Unruhe. Ich trete auf der Stelle, von einem Bein aufs andere, leiste einen Schwur, nie wieder hierher zu fahren. Egal wie viel ich sparen könnte. Innerlich beschimpfe ich mich, solch einen Aufwand betrieben zu haben, suche einen Schuldigen für meine Unruhe.

Abends fahre ich zur Massage, liege unter der Heißluft. Plötzlich wird mir ganz eng. Eine Schlinge legt sich um meinen Körper. Sie zieht sich zu. Ich schnappe nach Luft.

„Tut mir Leid, ich fühle mich nicht wohl und fahre am besten sofort nach Hause. Ich melde mich dann wieder", höre ich mich sagen und verlasse fluchtartig die Praxis. Der Schock sitzt mir in allen Knochen. Draußen vor der Tür atme ich erst einmal tief durch. „Luft. Ah. Tut das gut."

„Ich kenne diese Symptome", sagt meine zwanzig Jahre ältere Schwester Brigitte, die ich in meiner Not anrufe. „Früher hatte ich Herzprobleme. Und jeder Arzt meinte, ich wäre ein Hypochonder. Und dieses Engegefühl im Hals." Ich merke sofort, wie meine Knie zittern, mein Herz anfängt zu rasen, mir wird ganz eng. Panik, Herzflattern, Angst zu sterben, Atembeschwerden – die Symptome verstärken sich in Blitzesschnelle.

Von jetzt auf gleich beende ich das Telefonat. Bin nicht mehr zu bremsen: laufe unruhig umher, weine, schluchze, habe Angst, dass ich sterben muss. Anna Lea ist zum Glück schon im Bett, ich hätte jetzt keine Kraft, mich um sie zu kümmern. Außen sieht man nur meine Tränen der Verzweiflung, die inneren Qualen sind unbeschreiblich, kaum in Worte zu fassen. Unfassbar. Unbegreiflich. Was passiert da mit mir? Welcher Dämon hat von mir Besitz ergriffen, nimmt mir die Luft zum Atmen? Nichts ist unter Kontrolle. Ich fühle mich fremdbestimmt, bin völlig hilflos und ratlos, nichts kann mich beruhigen.

„Setz dich mal in Ruhe hin, ist doch alles halb so schlimm. Was ist denn los mit dir? Mit der Taufe ist doch alles bestens geregelt. Was regst du dich so auf?"

Harald wirkt, auch wenn er es nicht zugibt, irritiert. Auch er kann die Lage nicht einschätzen. Ich flüchte in seine Arme und weine hemmungslos. Irgendwie überstehe ich die Nacht, halte Haralds Hand und hoffe, dass Anna Lea durchschläft.

„Ich kann aber nicht lange zu Hause bleiben, muss bald ins Büro", kommentiert Harald am nächsten Morgen meinen geplanten Arztbesuch. Ich bin nicht mal in der Lage, darauf zu antworten, brauche nur dringend Hilfe. Die Unruhe lässt mich nicht mehr los. Mein Körper scheint ein Eigenleben zu führen. Um neun Uhr stehe ich bei dem Neurologen Dr. W. auf der Matte, der ganz in der Nähe seine Praxis hat.

„Können Sie mich bitte vorlassen. Ich habe Angst zu sterben", bitte ich unter Tränen eine andere Frau im Wartezimmer, die mich auch sofort vorlässt. „Jetzt legen Sie sich erst mal auf die Couch, und erzählen Sie mir, was denn eigentlich passiert ist", fordert Dr. W. mich freundlich auf. Ich erzähle von der plötzlichen Panik, die mich überfallen hat, und dann platzt einiges aus mir heraus, was mich so bedrückt. Die Probleme mit meiner Familie, der Erwartungsdruck, die neue Rolle als Mutter. Als hätte der Arzt mein Ventil geöffnet, reihen sich die Worte und Sätze jetzt aneinander. Ich rede wie ein Wasserfall. Dr. W. ist sehr einfühlsam, nimmt sich viel Zeit für mich und erklärt mir dann, dass er zur ersten Beruhigung intravenös ein Beruhigungsmittel spritzt. Ich habe eine Angstneurose und muss erst einmal zur Ruhe kommen, so seine Diagnose.

Er rät: „Seien Sie nicht so leistungsorientiert, genießen Sie Ihr Kind, gehen Sie mit Ihrer Tochter spazieren und lachen Sie viel." Außerdem verschreibt er mir Tranquilizer, Oxazepam, dreimal eine Tablette täglich. Auch damit ich die Taufe überstehe.

Ich gehe nach Hause, ruhig gestellt durch die Spritze, die langsam zu wirken beginnt. Aber ich kann es nicht begreifen. Ich ahne Schlimmes. Wohin führt mich das? Was habe ich falsch gemacht? Warum passiert das mir? Mir! Das mir! Bisher hatte ich alles in meinem Leben im Griff, jetzt bin ich hilflos, soll sogar Tranquilizer schlucken – „zur symptomatischen Behandlung von akuten und chronischen Angst-, Spannungs- und Erregungszuständen", so der Beipackzettel. Ein Alptraum für mich, da meine Mutter mir schon früh bei jeder Gelegenheit Valium schmackhaft machen wollte. Dabei hasste ich diesen trockenen Mund bei ihr, die verlangsamte Sprache, dieses Gefühl, dass sie wieder schwach geworden war.

„Harald, bitte bleibe zu Hause, ich schaffe das allein nicht mit Anna Lea, bin völlig reduziert."

Er bleibt. Nimmt sich sogar extra Urlaub, um ein paar Tage zu Hause sein zu können. Anna Lea ist noch so klein, wer soll sich um sie kümmern, wenn mir etwas passiert? Was soll nur werden? Ich denke düster in die nahe und ferne Zukunft.

„Jetzt mach doch mal die Politik der kleinen Schritte, denk nicht immer so weit nach vorn. Das wird sich schon alles regeln. Wir kriegen das schon hin", versucht Harald mich zu beruhigen, während er meine Hand hält. Aber ich spüre seine Unsicherheit. Ganz deutlich.

Abends nehme ich die Tranquilizer nicht. Ich kann diese Schwäche an mir einfach nicht akzeptieren. Außerdem fühle ich mich schon wieder stärker. Die Nacht beschert mir die Rechnung:

Angstzustände und eine unsagbare Traurigkeit plagen mich. Ich wecke Harald auf. „Nimm mich bitte ganz fest in deine Arme. Ich halte es nicht mehr aus." So kann und will ich nicht leben. Gedanken an einen Suizid mischen sich unter meine Verzweiflung.

„Es geht mir so beschissen. Und ich weiß nicht warum", erkläre ich meinem Mann am nächsten Morgen. Stunden später fahren wir zu dritt in die Praxis. Mit Milchflasche und Windel, Spucktuch und Spielzeug. Ich laufe im Wartezimmer umher wie ein aufgeschrecktes Huhn im Käfig – verzweifelt und völlig außer Kontrolle. Harald tröstet Anna Lea, die ein wenig quengelt. Ob sie meine Unruhe spürt?

„Was ist passiert? Haben Sie die Tabletten genommen?", fragt Dr. W. Ich sage ihm die Wahrheit. Die Schrecken der Nacht stecken mir noch in den Gliedern. Er ist über mein eigenmächtiges Handeln verärgert. „Sie müssen jetzt erst einmal zur Ruhe kommen, in Ihrem Organismus ist einiges durcheinander. Hören Sie auf, sich ständig zu überfordern." Ich bin so erschöpft von dem Kampf gegen die Angst, die Panik und gegen die Tranquilizer, dass ich froh bin, als die Wirkung der Tablette mich ein wenig dämpft und befreit.

Am Freitag kommen meine beiden Nichten, Kathrin und Barbara, die Töchter meiner Schwester. Sie sind Anfang zwanzig, uns verbindet eine sehr innige, freundschaftliche Beziehung. Ich bin froh, dass ich Verantwortung abgeben kann, um mich selbst irgendwie durch den Tag zu schleppen. Nur allein sein. Keinen Menschen um mich haben. Die beiden kümmern sich rührend um Anna Lea, für die ich kaum Kraft und Energie habe, da ich meistens neben mir stehe.

„Was ist mit deinen beruflichen Sachen?", fragt Harald am Nachmittag.

„Ach, das werde ich schon irgendwie schaffen, ich kann doch nicht alles in den Sand setzen", entgegne ich. Gerade vor zwei Tagen habe ich einen Auftrag erhalten, der uns monatlich einen ansehnlichen Zuschuss bringen würde und auch interessant ist. Ich fühle mich beschissen, habe mir freiberuflich einiges aufgebaut, das ich jetzt nicht aufs Spiel setzen will. Harald wird sauer. „Du bist das Wichtigste und wir drei zusammen. Du sagst jetzt alles ab; was später wird, kann man dann entscheiden." Irgendwie überzeugt er mich, aber es fällt mir trotzdem sehr schwer. Ich rufe die Kunden an, bringe irgendeinen Vorwand, warum ich die nächsten Wochen ausfalle. Nachdem das geklärt ist, fällt mir ein Stein von der Seele. Auf der anderen Seite fühle ich mich aber auch traurig und bin enttäuscht von mir.

Die Taufe und das anschließende Kaffeetrinken überstehe ich nur mit sechs Tranquilizern. Bin wie ein Schatten meiner selbst. Alles rauscht an mir vorüber. So habe ich mich noch nie erlebt. Ich stehe neben mir und schaue zu, wie Harald als Theologe unsere Tochter tauft.

„Andrea, geht es dir nicht gut?" Merkwürdig, nur eine Hand voll Leute hat überhaupt registriert, dass ich in keiner guten Verfassung bin und mich darauf angesprochen. „Ja, mir geht es nicht so gut. Aber lass uns ein anderes Mal darüber sprechen", kann ich gerade noch antworten. Recht langsam und wie abwesend. Die Wirkung der Tabletten ist nicht zu leugnen.

„Harald, wie soll ich nur das Essen mit deiner Familie überstehen?", frage ich abends ängstlich und verzweifelt und fühle, dass ich nicht länger Komödie spielen kann. Ich zähle die Stunden und Minuten, bis dieser Alptraum vorbei ist und ich mich zurückziehen kann. Ich bin völlig erschöpft, physisch und psychisch. Essen kann ich sowieso kaum etwas. Unterdessen bringt Harald unsere kleine Tochter ins Bett, die von den vielen Eindrücken des Tages völlig erledigt ist. Ob sie fühlt, dass ich emotional am Ende bin? Ich habe Angst, weil ich ihr momentan keine Geborgenheit und Sicherheit geben kann. Beim Gutenachtkuss flüstere ich ihr ins Ohr: „Mein kleiner Engel, ich habe dich ganz doll lieb. Aber im

Moment geht es mir irgendwie nicht gut. Das hat aber nichts mit dir zu tun." Ich weiß, dass sie meine Worte versteht.

Am Montag reisen Kathrin und Barbara wieder ab, Harald muss zurück ins Büro. Ich weiß nicht wie, aber irgendwie überstehe ich diese Woche.

Harald geht morgens ganz früh in die Redaktion, ist nachmittags wieder da. Unter dem Einfluss der Medikamente komme ich innerlich ein wenig zur Ruhe, kann aber immer noch nicht begreifen, was passiert ist und vor allem warum. Immer wieder Angst vor der Angst, Stunden voller Tränen. Was ist mit mir los? Leistungsüberforderung? Postnatale Depression? Was soll nur werden? Muss ich in eine Klinik? Was passiert mit Anna Lea, sie ist doch noch so klein. Aber momentan bin ich handlungsunfähig, kann keine weiteren Schritte unternehmen als abzuwarten.

Zum Wochenende wechselt Dr. W. die Medikamente, ich nehme das Antidepressivum Saroten. Ein totaler Rückfall ist die Folge. So stelle ich mir einen Flash vor. Bin wie durchgedreht, voller Panik. Ich rufe meine Schwägerin Irmela an, die Kinder- und Jugendtherapeutin ist: „Das kann schon mal vorkommen, dass man ein Medikament nicht verträgt, mach dir keine Sorgen", versucht sie mich zu beruhigen und fragt nach der Diagnose des Arztes. „Eine Angstneurose ist heilbar, sei froh, dass es keine Psychose ist." Soll ich ich mich jetzt freuen, denke ich zynisch. Ich habe sowieso keine Ahnung, was der Unterschied ist und weiß nur, dass es mir so beschissen wie noch nie in meinem Leben geht. Gleichzeitig empfiehlt Irmela mir einen Arztwechsel zu einem ihr bekannten Neurologen in Baldham. „Da bist du auf jeden Fall in guten Händen. Ich verstehe nicht, warum dein Arzt gegen eine Gesprächstherapie ist." Ich fühle mich völlig zerrissen. Nicht mehr Herr der Lage zu sein, das ist schon ein schlimmes Gefühl.

*„Die Gewohnheit ist ein Seil. Wir weben jeden Tag einen Faden,
und schließlich können wir es nicht mehr zerreißen."*

Horace Mann

Ein Blick zurück

Unsere heiß ersehnte Tochter Anna Lea erblickt am 25. Februar
das Licht dieser Welt. Ein Wunschkind. Putzmunter und kernge-
sund ist die Kleine. Da sie ein Kaiserschnitt ist, bleiben wir zehn
Tage im Krankenhaus. Ich stelle mir vor, dass das Leben zu Hause
so weiterläuft wie bisher. Anna Lea ist eben das i-Tüpfelchen zu
unserem Glück.

„Harald, ich werde gleich nach der Geburt wieder freiberuflich arbeiten. Das schaffe ich doch locker, wenn ich den ganzen Tag zu
Hause bin", erkläre ich meinem Mann. „Warum tust du dir nicht
erst einmal die Ruhe an, genieße doch die Zeit", erwidert Harald.
Kommt gar nicht in Frage. Ich kann doch alles ganz easy organisieren, denke ich zumindest. Und wenn das Kind so viel schläft,
wie es in meinem Babybuch steht, dann langweile ich mich. Außerdem will ich meine Kunden nicht verlieren und beruflich am
Ball bleiben. Jetzt auf Hausfrau und Mutter machen – das geht auf
keinen Fall. Ich habe so eine Idealvorstellung von mir: Mutter,
Hausfrau, Ehefrau und Redakteurin in einem zu sein. Das schaffen andere doch auch. Und zwischendurch beschäftige ich mich
dann mit unserer süßen kleinen Tochter, gehe ein bißchen mit ihr
spazieren und stille sie.

Pustekuchen. Es läuft natürlich nicht alles wie am Schnürchen.
Wie sollte es auch? Aber wenn man keine Kinder hat, ist die Vorstellungskraft eben begrenzt. Alles ist neu für uns, vollkommen neu.
Was tun, wenn Anna Lea nach dem Stillen immer noch schreit?
Hat sie Schmerzen? Hunger? So ein kleines Wesen, das sich nur
durch Schreien bemerkbar machen kann, will erst einmal verstanden sein. Und kaum, dass ich mal wieder am Schreibtisch sitze, um

ein wenig zu arbeiten, fängt Anna Lea auch schon an zu schreien und will in den Schlaf geschaukelt werden. Ich dagegen reagiere nervös und stehe zunehmend unter Zeitdruck, weil ich nicht flexibel agieren kann.

Seit der Geburt ist alles so anders, nun sitze ich den ganzen Tag zu Hause, ohne Ansprache von Kollegen, nicht mehr abends im Kino oder zum Essen unterwegs. Plötzlich ist da ein kleines Wesen, das völlig abhängig von mir ist, meinen ganzen Tagesablauf bestimmt und sich in keiner Weise daran stört, ob ich gerade dusche, esse oder telefoniere. Ganz natürlich, aber eben eine völlig neue Erfahrung.

Anfang Mai habe ich mit einem Milchstau zu kämpfen, außerdem ist mir ständig schwindlig und übel. Etwa zwei Wochen später spüre ich auf einmal einen dicken Knoten in meiner Brust. Ich behandele ihn mit Quarkwickeln und Umschlägen. Aber es tritt keine Besserung ein. Stattdessen wird mir am nächsten Morgen zum ersten Mal in meinem Leben ganz schwarz vor Augen, als ich um sechs Uhr Anna Leas Milch aus der Küche hole. Die Brust schmerzt, der Knoten ist noch härter geworden. Ich habe Angst.

„Harald, bitte bring mich ins Krankenhaus", wecke ich meinen Mann auf. „Wie stellst du dir das vor? Ich muss ins Büro! Dramatisiere nicht immer gleich", antwortet er. „Aber ich muss wirklich zum Arzt", schreie ich ungehalten. Ich schildere meine Situation. Mürrisch und immer noch etwas ungläubig macht Harald sich mit Anna Lea und mir auf den Weg. Es ist erst kurz nach sechs Uhr morgens. Schnell packe ich noch eine Flasche mit Milch ein. Im Krankenhaus müssen wir eine ganze Zeit auf den Assistenzarzt von der Nachtschicht warten. Anna Lea hat inzwischen ihr Geschäft in die Windel gemacht, eine frische habe ich in der Hektik vergessen. Harald macht sich mit unserer Tochter auf den Weg zur Entbindungsstation.

Der Arzt kommt. Nur am Rande registriere ich, wie erschöpft er aussieht. Mittlerweile bin ich völlig unruhig, habe Angst zu sterben, weiß gar nicht, was mit mir los ist und flehe den Assistenzarzt an: „Bitte helfen Sie mir. Ich glaube, ich muss sterben." Er scheint etwas unsicher, holt dann aber eine Tüte, in die ich hineinblasen soll, damit sich mein Atem beruhigt, der Sauerstoffhaushalt wieder ausgeglichen ist. „Legen Sie sich erst einmal auf dieses Bett dort und versuchen Sie, sich zu beruhigen und ganz normal zu atmen. Sie hyperventilieren. Leichter gesagt als getan. Mein Herz rast, meine innere Unruhe tobt. Dann kommt endlich Professor J., bei dem ich auch entbunden habe, und diagnostiziert: „Sie haben eine Brustentzündung. Wir müssen auf jeden Fall operieren. Wenn Sie wollen, können Sie erst wieder nach Hause fahren und in den nächsten Tagen kommen." „Nein, operieren Sie mich lieber noch heute. Mir ist nämlich auch so schwindlig und übel", berichte ich in der festen Überzeugung, dass es mir nach der OP besser geht und alle Symptome verschwunden sind. Zum Glück habe ich noch nichts gegessen oder getrunken.

Professor J. veranlasst das Notwendige; Harald, Anna Lea und ich bleiben zurück. Harald wirkt ein wenig hilflos. „Was soll ich nur machen? Ich kann Anna Lea doch nicht mit ins Büro nehmen." Ich werde sauer. So wichtig kann doch kein Job sein. Liebt er mich denn nicht mehr oder warum kommt er mit dieser Situation nicht zurecht? Er telefoniert mit seiner Mutter, die abends mit dem Zug eintrifft, und nimmt Anna Lea mit ins Büro.

Ich beruhige mich schnell. Eine Schwester schiebt mich in ein Einzelzimmer. Die Vorbereitungen für den Eingriff laufen. Die Beruhigungstablette habe ich auch schon geschluckt. Obwohl ich so ein Angsthase bin – vor meiner Blindarmoperation wäre ich vor Angst fast gestorben –, nehme ich alles relativ cool, fühle mich irgendwie auch erleichtert und sicher. Sicher? Wovor? Vielleicht vor dem Druck, den ich mir zu Hause ständig mache. Oder vor der Verantwortung um unsere kleine Tochter. Ich weiß es wirklich nicht. Bin nur froh, dass es mir wieder einigermaßen geht – auch wenn ich die Operation noch vor mir habe.

Ehe ich mich versehe, wache ich in einem Zweibettzimmer auf – und alles ist vorbei. Sobald ich mich orientiert habe, bestelle ich schon ein Telefon ans Bett. Meine Zimmergenossin scheint recht verwundert, aber ich fühle mich den Umständen entsprechend gut. Als Harald am späten Nachmittag kommt, traut er seinen Augen nicht. Ich sitze im Bett und telefoniere, alles ist gelaufen.

„Wie geht es Ihnen?", fragt der Professor abends, als er die Wunde begutachtet. „Ganz gut. Mir ist aber immer noch schwindlig und übel." Am nächsten Tag macht eine Ärztin bei mir vorsorglich einen Schwangerschaftstest. Ich bin verwirrt. Erstens kann eine Schwangerschaft nicht sein, zweitens wären die Narkose und die OP dann ja unverantwortlich gewesen, drittens fühle ich mich nicht in der Lage, jetzt sofort ein zweites Kind zu bekommen.

Glück gehabt. Das Ergebnis ist negativ. Mir fällt ein großer Stein vom Herzen. Obwohl ich schon gerne wüsste, woher meine Beschwerden kommen. Bevor ich am nächsten Tag entlassen werde, spreche ich Professor J. noch einmal auf den Schwindel und die Übelkeit an.

„Am einfachsten zu erklären sind Ihre Symptome mit einer Schwangerschaft. Wir machen zur Sicherheit noch einen Test, der wesentlich präziser ist. Das Ergebnis kommt dann in einer Woche."

Ungefähr eine Woche soll ich täglich zum Säubern der Wunde ins Krankenhaus kommen. Das dauert nicht lange, und Anna Lea kann ich ja mitnehmen. Ich rufe zu Hause an, dass ich jetzt mit dem Taxi komme und erfahre von meiner Schwiegermutter, dass schon wieder ein kleiner Korrekturauftrag für mich auf dem Tisch liegt. Auf die Idee, mich mal ein wenig auszuruhen und zu entspannen, komme ich nicht. Action ist angesagt.

In der nächsten Woche ist Pfingsten. Harald hat ein paar Tage Urlaub, und als meine Wunde ausgeheilt ist, fahren wir mit unserer Tochter zu den Eltern und Schwiegereltern. Das Ergebnis vom Schwangerschaftstest steht noch aus. Natürlich rechne ich mit einem negativen Befund. Ein paar Tage später platzt die Bombe: Ich stehe morgens um 7.30 Uhr bei meinen Schwiegereltern am Telefon und erfahre: Das Testergebnis ist positiv. Die Nachricht durchfährt mich wie ein Blitz. Ich fange umgehend an zu weinen. Hemmungslos.

„Harald, ich bin schwanger." Ich kann nur noch weinen, bin völlig daneben. Das schaffe ich nicht. Anna Lea ist gerade mal drei Monate alt, ich habe eine Brust-OP hinter mir und diverse andere postnatale Beschwerden. Ich merke, wie erschöpft und müde ich eigentlich bin. Wie versprochen, fahren wir in der nächsten Stunde zu meinen Eltern. Hier herumzusitzen ist auch keine Lösung.

Gleich an der Tür bringe ich die Neuigkeit. Wir setzen uns hin und besprechen die Lage. Einen Abbruch ziehen meine Eltern gar nicht in Erwägung. Für sie gibt es nur einen Weg. Ob und wie ich das verkrafte steht außer Frage. Sie sind eben eine andere Generation, wollen uns monatlich mit einem großen Betrag finanziell unterstützen. „Das schafft ihr schon", versuchen sie uns Mut zu machen.

Ich weine immer wieder, fühle, dass ich es eben nicht schaffe. Spüre aber auch, dass ich keinen Abbruch verkrafte. Und ich fühle mich so unsagbar allein, weil mir klar ist, dass ich allein diese Entscheidung treffen muss. Ganz allein. Harald ist hin- und hergerissen, weiß auch keine rechte Lösung. Abends im Bett bin ich total unruhig, zittere am ganzen Körper, kann nicht einschlafen und bitte Harald, am frühen Morgen mit mir nach Holland zu fahren – für einen illegalen Abbruch. Ich halte es nicht mehr aus, will nur, dass dieser Alptraum vorbei ist. Um vier Uhr morgens stehe ich auf, rufe einen befreundeten Gynäkologen an und frage nach seiner Einschätzung. Er rät eindringlich: „Andrea, wähle den legalen Weg. Du wirst in deiner Situation auf jeden Fall abbrechen können. Aber fahre auf keinen Fall nach Holland. Dort wird alles ambulant gemacht. Du bist frisch operiert, hast zudem noch einen Kaiserschnitt hinter dir. Das ist viel zu gefährlich." Er überzeugt mich. Wir fahren in ein paar Stunden nach München zurück. Ich will mit dem Arzt sprechen – ich kann nicht einfach untätig bleiben und die Dinge auf mich zukommen lassen.

„Ich bin total müde. Lass uns morgen fahren. Jetzt an Pfingsten läuft sowieso nichts", so Harald. Ich lasse nicht locker. Um neun Uhr sitzen wir drei im Auto gen München. Ich kann kaum klar denken. Alles kreist. Ich fühle mich sauelend. Kurz vor dem Altmühltal kann ich nicht mehr ruhig atmen, sitze hinten bei Anna Lea im Auto und habe wieder das Gefühl, sterben zu müssen. Alle möglichen Gedanken schießen mir durch den Kopf. Was wird mit meiner Tochter, wie kommt Harald nach München, wenn ich gleich im Auto umkippe. Es geht alles blitzeschnell. Um Harald nicht zu beunruhigen, versuche ich in ruhigem Ton zu sagen: „Mach doch bitte mal das Fenster auf und fahre die nächste Ausfahrt runter. Mir ist nicht so gut." Ich will keine Panik verbreiten, obwohl ich sie selbst spüre. Harald zögert erst ein wenig, aber ich bekräftige meine Bitte. In Hiltpoltstein verlässt er die Autobahn, ich werde deutlicher. „Harald, ich muss unbedingt zum Arzt. Ich habe das Gefühl zu sterben." Ungläubig schaut er mich an, sieht die Tränen in meinem gequälten Gesicht, und ich flehe nochmals eindringlich. „Bitte. Es ist bitterernst."

Wir fahren durch den Ort, fragen Passanten nach dem Weg und stehen bald vor der Praxis eines Allgemeinarztes, der gerade seine Sprechstunde eröffnet. Harald schildert kurz die Situation, ich stammele auf der Behandlungscouch etwas von Sterben und Schwangerschaft, Schwindel und Übelkeit. Anna Lea weint. Die Arzthelferin holt die Milch aus dem Auto und wärmt sie auf. Arme Anna Lea. Was mag sie wohl denken und fühlen?

„Machen Sie irgend was. Ich drehe gleich durch", flehe ich ihn an. Er ist unsicher, spritzt dann irgendeine Lösung, die mit einem

Aufbaupräparat versetzt ist. Ich habe das Gefühl, dass Harald unbedingt Professor J. anrufen muss. Warum, das weiß ich nicht. Ich folge einem Impuls. „Wenn du mir in meinem Leben noch einen Gefallen tun willst, ruf ihn bitte, bitte an. Bitte, Harald."

Ich schaffe es. Harald wählt die Nummer des Krankenhauses und lässt sich mit der Sekretärin verbinden. „Hier Hesse, kann ich bitte Professor J. sprechen!", höre ich ihn sagen. Harald sagt dann gar nichts mehr, sein Blick wird immer ungläubiger und er lacht. Tatsächlich: Er lacht, bedankt sich und legt auf. „Andrea, du bist nicht schwanger. Es war ein Irrtum."

Ich kann es kaum fassen. Im Bruchteil einer Sekunde fällt alle Last von mir ab, sofort bin ich ein anderer Mensch, fühle mich wie neugeboren. Einfach unbeschreiblich.

„Du bist nicht schwanger. Heute morgen bei der täglichen Besprechung hat Professor J. deinen Brief vorgelesen, in dem du dich für die freundliche Unterstützung bedankst und schreibst. ‚Hoffentlich sehen wir uns trotz allem nicht so bald wieder.' Er erzählt den Ärzten, dass du wieder schwanger bist und wohl bald wiederkommst. Etwas verwundert, vergewissert sich dann ein Kollege nochmals, ob er deinen Namen richtig verstanden hat. Es stellt sich heraus, dass es sich um einen telefonischen Übermittlungsfehler handelt."

Ich bin unendlich froh und unendlich erschöpft. Wir erledigen die Formalitäten beim Arzt, bedanken uns für die Hilfe und suchen dann ein Gasthaus für die wohlverdiente Stärkung. Ich bin sogar in der Lage, wieder etwas zu essen. Kann es aber immer noch nicht fassen, dass so etwas passieren kann. Ein paar Tage nach diesem Schock beginnen bei uns die Vorbereitungen für die Taufe unserer Wunschtochter Anna Lea.

„Wer gesund ist, hat tausend Wünsche, wer krank ist, nur einen."
Sprichwort

Auf der Suche nach einem Therapeuten

Ich schlafe viel, liege auf dem Bett und warte, dass die Zeit vergeht. Harald gegenüber bin ich oft gereizt und ungerecht, komme mit mir selbst überhaupt nicht klar. Wie sollte ich auch! Alles, was ich fühle und denke, ist so vollkommen neu und anders. Mal verbreite ich totale Action, dann wieder weine ich leise vor mich hin. Was wird nur werden? Freunde sagen mir: „Sieh es als Chance, eine Krise bringt immer Veränderungen." Aber dazu bin ich momentan nicht fähig, bin vielmehr nur deshalb aktiv, weil der Leidensdruck so unbeschreiblich groß ist, dass er mich manchmal zu ersticken droht und es in mir unablässig nach Hilfe schreit.

Endlich habe ich einen Termin bei dem Neurologen Dr. Briesenick in Baldham, den mir meine Schwägerin empfohlen hat. So lange habe ich darauf gewartet, jetzt sitze ich ihm gegenüber. Mit tränenerstickter Stimme schildere ich meine Situation. „Wir versuchen jetzt mal ein anderes Antidepressivum, das Sie wahrscheinlich besser vertragen werden. Es kann eben manchmal etwas dauern, bis man das richtige Medikament gefunden hat." Ich will nur wissen, wie lange ich das nehmen muss. Wann werde ich wieder gesund sein?

Er schaut mich geradezu ungläubig an, dass ich solche Fragen stelle und reagiert etwas ungehalten. „Sie kommen hier in einer Grenzsituation zu mir und wollen Hilfe. Glauben Sie ernsthaft, dass ich Ihnen jetzt auf diese Fragen antworte? Sie sind keine Maschine, die wie am Schnürchen funktioniert. Ich rate Ihnen: Gehen Sie viel mit Ihrer Tochter spazieren, lachen Sie, hören Sie viel Musik. Das alles tut gut und bringt Sie auf andere Gedanken. Wenn Sie dann noch Unterstützung durch eine gute Gesprächstherapie erfahren, wird es schon besser werden. Man kann nicht von heute auf morgen ein ganzes Leben mit einem solchen Familienhintergrund, wie Sie ihn haben, aufarbeiten. Und wenn etwas ist, rufen Sie mich an", verabschiedet mich Dr. Briesenick.

Ich spüre etwas Zuversicht und Hoffnung in mir aufsteigen. Zumindest habe ich das Gefühl, ernst genommen zu werden und doch nicht so ein hoffnungsloser Fall zu sein.

Ich nehme das Antidepressivum Insidon, das ich zumindest vertrage. Im Beipackzeittel lese ich unter Anwendungsgebiete: „Psychische Verstimmungen mit Angst, Unruhe, Spannung, Schlafstörungen, Konzentrationsschwäche, Depressivität." Zuversicht und Hoffnungsschimmer kommen und gehen. Oft quält mich die Angst vor der Angst, dass „es" mich wieder anfliegen und hinunterziehen könnte in die dunkelsten Gefilde meiner Seele. Stunden voller Tränen und Verzweiflung sind die Regel. Ich weiß nicht mehr ein noch aus. Aber im Beipackzettel steht auch, dass es durchaus dauern kann, bis sich der Körper auf das Medikament eingestellt hat. Hoffentlich nicht so lange.

Nun beginnt die Suche nach einem geeigneten Therapeuten. Sie gestaltet sich nicht immer leicht, gelingt selten auf Anhieb. Unter Umständen endet sie in einer Irrfahrt. Für mich jedenfalls die reinste Odyssee. Ich rufe Frau St. an, eine Psychotherapeutin, die ich vor Jahren schon einmal konsultiert hatte. „Frau St., bitte helfen Sie mir. Ich habe eine Angstneurose und bin völlig aus dem Lot. Meine Welt ist zusammengebrochen, und ich brauche dringend Hilfe. Kann ich vorbeikommen?" Ich kann gleich nachmittags zu ihr in die Praxis kommen. Dankbar sage ich zu, habe Hoffnung, dass irgendetwas in Bewegung kommt. Denn eines weiß ich genau: Alleine komme ich aus dieser verfahrenen Situation nicht mehr heraus.

Am späten Nachmittag fahre ich zu ihr in die Praxis und erzähle von der Geburt und den Veränderungen, von meinem Zusammenbruch, der ja ganz so plötzlich auch nicht war. Sie hört mir zu und sagt, dass sie sich nach einem Therapeuten umhören will. „Frau St., ich brauche ganz dringend Hilfe, sonst platzt mein Ventil", stammele ich unter Tränen. Ich kann nicht allzu lange warten. Sie will mich anrufen, sobald sie etwas weiß. „Momentan ist allerdings Ferienzeit, da wird es etwas schwieriger", entlässt sie mich. Ausgepowert, erleichtert und enttäuscht zugleich fahre ich wieder nach Hause. Hatte ich doch fest damit gerechnet, dass sie mir sofort eine Patentlösung anbietet und alles ganz schnell wieder in Ordnung ist.

Abends kommt meine Nichte Barbara aus Köln, die mich in der nächsten Woche unterstützen will. So kann ich endlich weiter einen Therapeuten suchen. Ich habe verschiedene Adressen ausfindig gemacht, vereinbare telefonisch einige Gesprächstermine. Montags um zehn Uhr bin ich bei Dr. T. angemeldet. „Dr. T. hat leider keine Zeit, aber dafür können Sie mit Frau Dr. S. sprechen", erfahre ich gleich in der Anmeldung der Gemeinschaftspraxis. Aber ich bin zu erschöpft, um mich abgeschoben zu fühlen, möchte nur Hilfe. Frau Dr. S. hört sich alles an, unter Tränen fasse ich die Ereignisse der letzten Wochen zusammen, skizziere kurz ein paar Kindheitserlebnisse und bitte um Hilfe. „Sind Sie suizidgefährdet?", fragt sie mich ohne Umschweife. „Ja, ich denke schon", kommt spontan meine Antwort und ich bin erschrocken über diese Eindeutigkeit. Beeile mich aber hinzuzufügen, dass ich es schon schaffe, weil ich zu Hause jede mögliche Unterstützung finde und die Verantwortung für meine kleine Tochter mich stärkt. „Wir sollten schnellstmöglich jemanden für Sie finden. Ich habe leider momentan keine Kapazitäten frei", teilt sie mir anschließend mit.

Ich bin überrascht und verzweifelt. Warum dann erst das Gespräch? Sollte ich für nichts und wieder nichts hierher gekommen sein? Nur, um zu erfahren, dass Frau Dr. S. keine Kapazitäten übrig hat? Wo bin ich denn hier eigentlich? Ich brauche, verdammt nochmal, Hilfe. Kapiert das denn keiner?

„Kann ich nicht wenigstens ab und zu kommen? Vielleicht ergibt sich dann doch eine Möglichkeit zur Zusammenarbeit", bettele ich. „Tut mir Leid, Frau Hesse. Da ist momentan nichts drin. Und ich fahre in zwei Wochen auch in den Sommerurlaub, die Praxis ist dann vier Wochen geschlossen. Ich melde mich in den nächsten Tagen bei Ihnen. Alles Gute", verabschiedet mich Frau Dr. S.

Mit Tränen in den Augen gehe ich zum Auto. Fühle mich abgeschoben, versetzt, unwichtig. Außerdem bin ich körperlich völlig erschöpft. Hinzu kommt ja, dass ich so gut wie nichts mehr esse, ich zwinge mich lediglich morgens zu einem Toast, kriege sonst nichts mehr runter. Merkt denn keiner, wie schlecht es mir geht? Bin ich etwa ein hoffnungsloser Fall? Ich fange an, diese Sommermonate zu hassen. Nicht nur, weil die Hitze unerträglich ist und mich noch mehr lähmt als gewöhnlich, sondern auch, weil sich insbesondere die Spezies Therapeut im Zustand „Urlaub" befindet.

In dieser Woche werde ich noch bei drei weiteren Therapeuten vorstellig. Das sind dann nach Adam Riese zusammen fünf. Allen erzähle ich meine Geschichte in Kurzform, werde immer präziser und kann bald ohne Spickzettel alles herunterbeten. Mal total engagiert und zielstrebig, mal unter Tränen, mal völlig erschöpft und nicht mehr in der Lage, ein anderes Gefühl als Resignation zu vermitteln. Jetzt kläre ich auch mit der Krankenkasse, dass die Kosten für die Erstgespräche übernommen werden. Eigentlich hatte ich mir die Suche nach einem Therapeuten nicht so hürdenreich vorgestellt.

Wie gut, dass Barbara sich zu Hause um alles kümmert. Sie versorgt Anna Lea, spielt und lacht mit ihr und kümmert sich auch ums Essen. Ich kann frei agieren. Wenn ich zu Hause bin, bemühe ich mich, Anna Lea gegenüber ansatzweise fröhlich zu sein. Ob sie merkt, wie sehr ich mich verstelle? Harald bemüht sich um mich, aber ich bin froh, wenn ich allein sein kann. Momentan zählt nichts anderes als mein inneres Inferno, das mich auszulöschen versucht. Wenigstens kann ich nachts schlafen und mich für den nächsten Tag etwas stärken. Denn nur der ist wichtig. Manchmal sogar nur die kommende Stunde. Größere Schritte kann ich nicht machen.

Am nächsten Tag geht die Therapeutensuche weiter. Diese Fahrerei, dieses sich Anbieten kostet meine letzte Kraft. Ich wundere mich, dass ich nicht schon längst aufgegeben habe. Wenn ich nicht zu Hause soviel Rückendeckung und Unterstützung bekäme, könnte ich das alles überhaupt nicht durchstehen, wäre ich wahrscheinlich schon in einer Klinik gelandet.

Die Analytikerin Frau B. gibt mir ziemlich unverblümt zu verstehen, dass es mir für eine Therapie auf der Couch zu schlecht geht. Aber wir sollen es uns beide noch einmal in Ruhe überlegen, am Ende der Woche dann telefonieren. Abgesehen davon, dass sie mir in keiner Weise sympathisch ist, würde ich wohl jedes Angebot annehmen, das mir einen Funken Hoffnung macht – Sympathie hin, Sympathie her. Aber sie sagt ab; sie glaubt nicht, dass wir zusammenarbeiten können. Auf der einen Seite reagiere ich darauf erleichtert, auf der anderen fühle ich mich erneut als hoffnungsloser Fall abgestempelt. Aber nicht aufgeben, weitermachen – so lautet die Devise. Woher kommen nur diese Kraftreserven? Wenn ich dann zu Hause mein Kind anschaue, fühle ich für Sekunden, dass es sich doch zu kämpfen lohnt.

Ein anderer Therapeut bedauert in unserem Gespräch, dass er erst nach der Sommerpause, in acht Wochen etwa, einen freien Termin hat. Hätte er mir das nicht auch am Telefon sagen können? So lange kann ich auf keinen Fall warten. Auch mein neuer Neurologe, Dr. Briesenick, hat mir noch eine Adresse gegeben. Aber Frau B.-Sch. hat leider keine Termine mehr frei und – wie sollte es anders sein – fährt nächste Woche in Urlaub. Sie empfiehlt mir ihre Kollegin Frau Z. in Solln. Ich bin hoffnungslos, mutlos, rufe dort aber trotzdem an. Schon die Stimme auf dem Anrufbeantworter klingt angenehm. Mit tränenerstickter Stimme trage ich mein Anliegen kurz vor und bitte um einen baldigen Rückruf. Ich muss nicht lange warten. „Fahren Sie denn nicht in Urlaub?", frage ich fast ungläubig am Telefon. Nein. Erleichterung macht sich breit. Ich habe ein gutes Gefühl. Wir verabreden uns für den nächsten Tag.

Barbara ist am Morgen abgereist, ich bin wieder mit Anna Lea und der Verantwortung allein. Harald kommt eher aus dem Büro, so dass ich in aller Ruhe zu Frau Z. fahren kann. Sie begrüßt mich herzlich und freundlich. Sie ist mir auf Anhieb sympathisch, ihre Stimme gefällt mir gut, die Umgebung ist angenehm. Wie gewohnt spule ich meine Geschichte herunter, antworte auf ihre Fragen. „Ich habe gute Therapieerfahrungen mit Angstpatienten gemacht. Alle sind geheilt", erzählt Frau Z. und sagt damit genau das, was ich jetzt brauche.

Unfassbar. Ich jubiliere innerlich – ein wenig. Zaghaft machen sich wieder Hoffnung und Mut breit. Ich sehe eine Lösung für mein Problem. Endlich habe ich wieder eine Perspektive. Vielleicht bin ich schon bald wieder okay und alles wird wie früher. Lange genug bin ich herumgeirrt und habe jetzt ein gutes Gefühl. Hoffentlich klappt es. Noch eine Niederlage könnte ich nicht mehr verkraften, ich habe keine Energie mehr, an äußeren Fronten zu kämpfen. Meine Batterie ist restlos alle. Diese Gedanken schießen mir blitzschnell durch den Kopf, während ich mich sagen höre. „Ich würde gerne mit Ihnen arbeiten!"

„Gut, dann vereinbaren wir einen neuen Termin. Außerdem füllen Sie bitte diesen Fragebogen aus, damit ich ein wenig mehr über Sie und Ihren familiären Hintergrund erfahre und ein Gutachten schreiben kann."

Regelrecht beschwingt fahre ich nach Hause, wo Harald mich schon ein wenig nervös erwartet.

Als ich ihm alles erzähle, spüre ich auch seine Erleichterung, dass professionelle Hilfe und Unterstützung in Sicht ist. Erschöpft lasse ich mich in seine Arme fallen. Anna Lea schläft schon, ich gehe nach oben und streichle sie sanft. Mein Engel, ich habe dich so lieb und mich so auf dich gefreut. Es wird alles gut.

Am nächsten Tag machen wir einen Ausflug nach Bad Wörishofen, um eine Freundin zu besuchen. Schon beim Frühstücken ist mir komisch, ich würde lieber in München bleiben. Da ich diese Gefühle aber gar nicht begreifen kann, schiebe ich sie einfach weg. Im Auto habe ich schlimme Angstzustände, jede räumliche Entfernung von meinen vier Wänden scheint mich zu ängstigen. In Bad Wörishofen sitzen wir dann in einem Gartencafé zusammen, die Gäste schnattern und lachen. Es ist ein wunderschöner, sehr warmer Hochsommertag. „Harald, es tut mir Leid. Aber ich halte es nicht aus, bitte lass uns sofort nach Hause fahren. Ich kann es nicht erklären." Tränen steigen mir in die Augen. „Ich muss nur weg. Hier sind so viele Menschen, es ist so laut und so schrecklich warm."

Ohne zu bestellen, stehen wir auf. Unsere Freundin ist sehr verständnisvoll. Ich erfahre, dass auch sie ähnliche Zustände kennt, jetzt aber wieder in Ordnung ist. Ich bin völlig überrascht von dieser Nachricht. „Du musst dir Zeit lassen, Andrea. Sei liebevoll zu dir, setz dich nicht so unter Druck. Ich kenne das. Es ist fürchterlich", erzählt sie. „Aber wie lange hat es bei dir gedauert? Warum hast du uns nie davon erzählt?", will ich sofort wissen. „Ein paar Jahre, und wenn ich mich überfordere, kommt es jetzt auch ansatzweise wieder. Wie eine Warnung, dass ich kürzer treten soll. Ich habe nichts gesagt, weil man es sowieso nur verstehen kann, wenn man es kennt", vertraut sie mir an.

Also bin ich kein hoffnungsloser Fall. Andere kennen diese Zustände auch. Und es stimmt: Außenstehenden müssen diese Angstzustände manchmal wie Schikane oder Anstellerei vorkommen. Weil man eben nichts sieht: kein gebrochenes Bein, kein Hautausschlag, kein Blut. Absolut nichts – außer Tränen der Verzweiflung und Angst. Die Dämonen sitzen innen und quälen ihre Opfer. Zum Abschied umarmen wir uns in dem Wissen, etwas gemeinsam zu haben. Noch nie fühlte ich mich ihr so nah.

*„Zweifle nicht am Blau des Himmels, wenn über deinem Dach
dunkle Wolken stehen."*   *aus Indien*

Ist der Organismus krank?

Immer wieder beschäftigt mich die Frage: Was ist los mit mir? Was
habe ich falsch gemacht? Wofür werde ich bestraft? Warum muss
das ausgerechnet mir passieren? Verzweiflung, Trauer, Resignation: Ich kann und will die Diagnose Angstneurose nicht akzeptieren. So schnell als möglich lasse ich auch organische Ursachen
abklären. Es gibt nämlich einige Erkankungen wie beispielsweise
Über- und Unterfunktion der Schilddrüse, Herzerkrankungen und
Psychosen, die vor Beginn einer Angsttherapie ausgeschlossen
werden müssen, weil sie panikähnliche Symptome hervorrufen.
Ich hoffe innigst, dass eine organische Ursache der Auslöser für
meine Angst und Unruhe ist. Mit einer körperlichen Krankheit
könnte ich jedenfalls besser leben als mit einer psychischen. Außerdem wäre ich dann durch eine gezielte Behandlung schnell wieder auf dem Damm und funktiontüchtig. Zuerst fahre ich zu unserem Hausarzt Dr. R., erzähle – mal wieder – von den Ereignissen
und lasse ein Blutbild machen. So kann festgestellt werden, ob meine Krankheitszeichen auf eine nicht voll funktionsfähige Schilddrüse zurückzuführen sind. Das Ergebnis ein paar Tage später:
„Alles ist in bester Ordnung." Dann zum HNO-Arzt Dr. S. Ich
habe immer wieder so ein dumpfes Gefühl im Ohr. Aber er kann
keine organische Ursache feststellen und meint, dass die Beschwerden wohl mit meiner Angstkrankheit zusammenhängen.

Zu Hause kümmert sich meine Nichte Kathrin um alles. Es ist
wirklich reizend, wie sehr sich die Töchter meiner Schwester für
mich engagieren. Eins stand von Anfang an fest: Anna Lea kann ich
nicht zu meinen Terminen mitnehmen. Ich will nicht, dass sie mich
immer wieder in Tränen aufgelöst sieht. Ich brauche schon all meine Kraft, um überhaupt dorthin zu fahren. Am liebsten würde ich
den ganzen Tag auf dem Bett liegen bleiben. Ich bin so müde und

erschöpft. Dann wieder voller Unruhe und Spannungen oder unendlich traurig über das, was mit mir passiert ist. Aber glücklicherweise habe ich immer auch ein wenig Hoffnung auf Linderung.

Am nächsten Tag gleich drei Termine. Schon um 8.30 Uhr nüchtern beim Radiologen Dr. K., die Schilddrüse soll sicherheitshalber nochmals beim Facharzt untersucht werden. Die Praxis von Dr. R. befindet sich in einem hässlichen, von Hochhäusern umzingelten Gebäude. Die Atmosphäre wirkt auf mich beunruhigend und bedrohlich. Die Arzthelferinnen verstärken meinen Eindruck. „Eine Freundin von mir hat auch Angstzustände. Seien Sie bloß vorsichtig mit den ganzen Medikamenten. Die machen ganz schnell abhängig", rät mir eine. Die Frau meint es sicherlich nur gut, hilft mir mit ihrer Anteilnahme aber herzlich wenig. Das Gegenteil ist der Fall. Geprägt durch einschlägige Erfahrungen im Umgang mit Tablettenabhängigen bin ich, was Medikationen betrifft, von Haus aus ziemlich skeptisch und auf Abwehr eingestellt. Sehr schnell habe ich deshalb meine Dosis Insidon von drei auf zwei Rationen täglich reduziert – in Abstimmung mit dem Neurologen, versteht sich.

Zitternd, erschöpft und mutlos sitze ich im Wartezimmer und hoffe, dass die Untersuchung bald vorbei ist. Ich spüre, wie Angst sich breit macht, Angst, nicht weglaufen zu können. Platzangst. Nachdem das Kontrastmittel gespritzt worden und einige Zeit vergangen ist, soll ich geröntgt werden. Auf dem Tisch fange ich heftig zu schluchzen an, will aufstehen und weggehen. Der Arzt faucht mich an: „Was ist denn los? Wollen Sie nun Ihre Schilddrüse untersuchen lassen oder nicht?"

„Ich habe solche Platzangst unter diesem Apparat", gestehe ich weinend. „Kann mir vielleicht jemand die Hand halten?"

„Halten Sie der Patientin die Hand", blafft Dr. K. eine Arzthelferin an. Das beruhigt mich ein wenig. Immer wieder sagt sie: „Gleich ist es vorbei." Tatsächlich dauert es auch nur ein paar Minuten, trotzdem kommt es mir wie eine Ewigkeit vor. Vor allem empfinde ich es wiederum als herben Nackenschlag, dass ich so reagiere. Wo doch offensichtlich kein Grund zur Panik vorliegt. Völlig erschöpft verlasse ich die Praxis. Mit dem Ergebnis, dass alles in Ordnung ist. Normalerweise würde sich jeder Mensch über eine solche Nachricht freuen. Ich bin total geknickt. Immer deutlicher spüre ich, dass es keine Hoffnung auf eine schnelle Heilung gibt. Organische Ursachen scheinen nicht der Auslöser für meine massiven Angstzustände zu sein. Das kann noch ein langer Weg für mich werden! Aber was ist das bloß, das mich derart quält und vor allem warum?

Doch bevor ich mich zu sehr in Gedanken verliere, geht es gleich weiter zum Neurologen. Das Wartezimmer ist voll, aber ich bin zu erschöpft, um panisch zu reagieren. Irgenwann bin ich dran. Dr. Briesenick erkundigt sich nach dem aktuellen Stand der Dinge. „Ich kann nicht sagen, dass es mir viel besser geht. Aber ich bin nicht mehr ganz so unruhig. Vielleicht schlagen auch die Antidepressiva langsam an", versuche ich meine Situation zu beschreiben, frage ihn, woher Angst- und Panikattacken kommen. „Oft treten Angstzustände auf, wenn man eine extreme Lebenssituation durchlebt, körperlich und/oder seelisch völlig erschöpft ist. Das kann der Verlust eines geliebten Menschen sein, ein Umzug, Probleme im Beruf oder auch die Geburt eines Kindes. Ängste sind eine der häufigsten seelischen Beschwerden. Verstehen Sie sie als Signal des Körpers und der Seele, das irgendetwas nicht in Ordnung ist", erklärt er. Wir vereinbaren einen weiteren Termin für die nächste Woche. Ich fahre völlig erschöpft nach Hause und lege mich für ein paar Stunden ins Bett.

Am darauf folgenden Tag steht noch ein Besuch bei der Frauenärztin auf meinem Programm: Ich will wissen, ob die Pille Einfluss auf meine Stimmungen hat. Sehr einfühlsam und verständnisvoll erklärt mir Frau Dr. W. den medizinischen Hintergrund mit dem Ergebnis: Stimmungsschwankungen können schon mal durch Hormone mitverursacht werden. Nicht aber meine plötzlichen und sehr intensiven Angstzustände und Panikattacken. Also Fehlanzeige auf der ganzen Linie. Zumindest ahne ich jetzt, an welchen Fronten ich kämpfen muss. Und das hat auch sein Gutes.

Laut Statistik brauchen viele Betroffene bis zu sieben Jahre, bevor ihre Störung als Angstkrankheit diagnostiziert wird. Wenn nämlich die körperlichen Beschwerden wie beispielsweise Herzschmerzen, Schweißausbrüche, Schwindel, Übelkeit, Atemnot, Magen-Darm-Beschwerden, Hitzewallungen, Kälteschauer in den Vordergrund treten. Dann wird die dahinter liegende Angst gar nicht oder erst spät erkannt.

Es ist Mitte August. Sechs Wochen liegen seit meinem Zusammenbruch hinter mir. Mein Leben hat sich seither gravierend verändert. Ruhige und panische Phasen wechseln einander ab. Ich lebe nur noch in Zwischenräumen, in kurzen Abschnitten, bis die Angstzustände wieder auftauchen – meist in Begleitung von Schwindel und Übelkeit. Eine Woche war mir Ruhe gegönnt. Dann hat „es" mich wieder angeflogen. Ständig bin ich auf der Lauer, spüre meine Angst vor der Angst. Jetzt ist „es" wieder da, drückt auf meinen Brustkorb, schnürt mir den Hals zu, sitzt wie ein Kloß fest, als wenn „es" nicht heraus könnte oder wollte, macht mich stumm und noch müder. Dazu gesellt sich noch die Furcht vor der Nacht. Werde ich schlafen können? Oder wieder nachts um vier Uhr von Panikattacken wach?

Aber ich kann auch Fortschritte feststellen. Sie sind winzig, aber vorhanden. An diesem Wochenende habe ich das erste Mal wieder gearbeitet. Wenn ich aktiv bin, Besuch habe oder telefoniere – dann fühle ich mich relativ gut. Sonst bin ich ganz vorsichtig mit mir. Habe etwas Angst. Etwas. Denn im Vergleich zu den Symptomen Anfang Juli geht es mir schon um einiges besser. Sicherlich auch dank der Antidepressiva. Aber ich habe Angst vor der Dunkelheit, vorm Abend, vor Herbst und Winter. Das können auch meine diversen Aktivitäten nicht übertünchen. Was wird werden? Ich möchte wieder fröhlich sein können und mit Harald und Anna Lea lachen. Sie hilft mir viel. Für sie reiße ich mich zusammen, freue mich immer auf ihr Erwachen. Aber das alles kostet unendlich viel Kraft.

Zweimal in der Woche Gesprächstherapie, das tut mir gut. Den Kontakt mit meiner Familie habe ich reduziert. Freunde und Bekannte treffe ich ganz selten. Ich muss meine Energie einteilen, meine Batterie ist ganz schwach. Langsam kommt der Herbst. Immer auf der Suche nach alternativen Lösungsansätzen nehme ich im Oktober Kontakt mit M.A.S.H. auf, der Münchner Angst-Selbsthilfegruppe. Ein Betroffener hat diese Gruppe privat ins Leben gerufen, man trifft sich regelmäßig, um über die Problematik zu sprechen. Allerdings ohne therapeutische Unterstützung, wie ich später erfahre. „Ja, Angst zu haben, das ist schon schrecklich. Immer wenn ich denke, dass ich es endlich geschafft habe, kommt wieder ein Rückfall", erzählt mein Gesprächspartner desillusionierend am Telefon. Ich bin geschockt, von Rückfällen wollte ich eigentlich nichts hören, sondern eher von Bewältigungsstrategien und den damit einhergehenden Erfolgen. Schnell beende ich das Gespräch und bin ziemlich frustriert. Für Negativmeldungen habe ich derzeit keinerlei Raum, wenn sie auch berechtigt sein mögen.

Das Jahr geht langsam zu Ende – aber nicht, ohne mir noch ein paar weitere persönliche Niederlagen beizubringen. Noch immer bin ich weit entfernt von dem Punkt, an dem ich mir Schwächen zugestehe, sie einfach akzeptiere. Und diese Panikattacken aus heiterem Himmel schon gleich gar nicht. Warum? Wieso?, frage ich mich immer wieder. Und durchforste die Situationen meist erfolglos nach potenziellen Ursachen. Ich kann mich nicht schützen. Noch nicht?

Das soziale Leben ist eingeschränkt. Auch wenn ich immer wieder versuche, Situationen nicht zu vermeiden. Mittlerweile bin ich schon der festen Überzeugung, dass ich gar nicht mehr mit der U- oder S-Bahn in die Innenstadt will, weil es da immer so voll ist. So baue ich langsam aber sicher Vermeidungsstrategien auf, ohne mir dessen bewusst zu sein.

Ein paar Tage später bin ich abends mit einer Freundin zum Essen in einem gemütlichen Lokal verabredet. Obwohl ich nichts zu befürchten habe, schaffe ich es nur mit größter Mühe dorthin. Bis zum letzten Moment spiele ich noch mit dem Gedanken abzusagen. Aber das könnte ich mir dann wieder nicht verzeihen. Beim Essen frisst mich die Platzangst langsam auf. Die ganze Zeit denke ich: „Ich sage ihr jetzt, dass mir ganz plötzlich ganz übel ist und ich nach Hause muss." Gleichzeitig beschwichtige ich mich, noch ein wenig zu warten. Mache mir bewusst, dass ich jederzeit gehen kann. Irgendwie schaffe ich den Abend, bin auch später nicht mehr so angespannt. Und vor allem froh, dass ich nicht aus der Situation weggelaufen bin.

Mittlerweile weiß ich aus der Literatur, dass sich die Platzangst oder Agoraphobie, so der Fachausdruck, schrittweise entwickelt und aus der Angst vor der Angst entsteht. Der Aktionsradius des Betroffenen reduziert sich immer weiter: Wenn in bestimmten Situationen Angst auftritt, werden diese in Zukunft gemieden. Manche Betroffene gehen dann irgendwann gar nicht mehr aus dem Haus. Angstbesetzte Situationen bei mir sind beispielsweise in einem Geschäft Schlange stehen, Fahrten mit öffentlichen Verkehrsmitteln, bestimmte Orte wie Kaufhaus oder Kino.

Das Jahr geht zu Ende. Weihnachten ist eine einzige Katastrophe. Meine Nichte Barbara ist wieder einmal zu Besuch. Ich bin der Stress in Person. Total gereizt. Stehe unter Druck wie ein Dampfkessel. Ich habe solche Angst, dass die Angst wiederkommt und will das mit Hektik und Aktivitäten überdecken. Ständig meckere ich an Harald oder Barbara herum, die kleinsten Kleinigkeiten bringen mich zur Verzweiflung. Die anderen sind von mir total genervt, aber ich kann nicht anders. Erst später am Abend komme ich wieder zur Ruhe. Sinke auf der Couch in mich zusammen, meine Gedanken schweifen ab: Es ist schon lange her, dass ich mal in Ruhe und mit Muße einen Film im Fernsehen angeschaut habe. Irgendetwas treibt mich ständig umher. Auch Anna Lea hat darunter zu leiden. Das stimmt mich noch trauriger. Ich will das ja alles gar nicht. Das klingt vielleicht unlogisch, weil man seinen Willen beeinflussen kann. Aber eben die ist mir nicht mehr möglich. Ich fühle mich von der Angst fremdbestimmt, kann mich nicht mehr auf mich verlassen. Was früher selbstverständlich und für mich auch ganz wichtig war. Immer habe ich (zu) großen Wert darauf gelegt, dass ich zuverlässig und korrekt bin. Vielleicht ist es eine Botschaft dieser Angst, dass ich gelassener und toleranter werden soll. Die Dinge nicht mehr so ernst nehmen, etwas lockerer durchs Leben gehen. Ich will mich bemühen, wenn mich dieser Dämon nur erst loslässt.

„Nicht was wir erleben, sondern wie wir empfinden,
macht unser Schicksal aus."   *Marie von Ebner-Eschenbach*

Gesprächstherapie macht Hoffnung und Mut

Die Therapeutin Eva Z. ist mir auf Anhieb sympathisch. Nicht nur, weil sie rein zufällig nicht, wie viele ihrer Kollegen, im Urlaub ist und weil ihre Stimme mit bayerischem Akzent auf dem Anrufbeantworter warm und freundlich klingt oder gar, weil sie mich umgehend zurückgerufen hat. Da ist noch mehr: die gemütlich anmutende Atmosphäre in dem Therapieraum im Keller ihres Hauses. Und natürlich sie, Eva Z., wie mein Mann und ich sie nach einer Weile liebevoll nennen. Sie wirkt sehr offen und klar auf mich. Schon nach dem ersten Kontaktgespräch fühle ich mich ein stückweit angekommen, irgendwie aufgehoben, eine Grundstimmung, die ich mit Erleichterung willkommen heiße. Hoffnung keimt, ein zarter Spross. In der Regel fahre ich anfangs zweimal, später einmal in der Woche zu ihr nach Solln.

Sie will auch gleich zu Anfang Harald kennen lernen, was wir beide sehr positiv finden. Gerne nehmen wir das Angebot an, uns zu dritt zu treffen, um gemeinsam anzuschauen, wie die Kommunikation in unserer Ehe funktioniert, welche verbalen und nonverbalen Signale wir senden, welche Mechanismen zwischen uns ablaufen. Ich bin unendlich froh, dass Harald den Gesprächen gegenüber offen und zur Zusammenarbeit bereit ist, obwohl ich beim ersten Dreiergespräch über seine Distanz verwundert bin. Er scheint Angst zu haben, dass er angegriffen und für mein Befinden mitverantwortlich gemacht wird. Aber es geht nicht darum, einen Schuldigen zu finden, sondern herauszufinden, was in mir diese innere Unruhe, diese Hoffnungslosigkeit, Angstzustände und Panikattacken auslöst.

Das A und O für eine fruchtbare Zusammenarbeit von Klient und Therapeut ist und bleibt das Vertrauensverhältnis, das beide verbindet. Gleich bei der ersten Begegnung habe ich das Gefühl, bei dieser Therapeutin gut aufgehoben zu sein: dass ich mich ihr anvertrauen kann, loslassen, mich fallen lassen und für so manch ungewohnte Erfahrungen öffnen. Meistens ist es schon in den ersten Sekunden einer neuen Begegnung spürbar, ob die „Chemie" stimmt. Ich habe Glück: Meine gesetzliche Krankenkasse zahlt fünf so genannte Erstgespräche, bevor ich mich definitiv für einen Therapeuten entscheiden muss.

„Möchten Sie sich auf die Couch legen oder lieber im Sessel hinsetzen?", bietet Frau Z. an. Ich stocke. Das Sich-auf-die-Couch-legen erinnert mich zu sehr an schrille Szenen aus Woody-Allen-Filmen, an bitterböse Parodien auf die therapiesüchtigen Amerikaner. Außerdem würde ich mich auf der Couch wie ausgeliefert fühlen. Ich möchte mein Gegenüber doch lieber anschauen, ihm Auge in Auge gegenübersitzen, um Körpersignale voll und ganz zu empfangen. Ich wähle den Ledersessel.

Kaum sitze ich, rede ich wie ein Wasserfall. Die Wörter sprudeln nur so aus mir heraus, da gibt es keine Marschrichtung, kein Ziel, nichts ist gut oder schlecht, richtig oder falsch. Was sich auch immer in den letzten Jahren in mir angestaut hat, jetzt fließt es förmlich aus mir heraus, Buchstaben, Wörter, Sätze. Ich fühle, wie ich an Schwere verliere, wie ich mich erleichtere. Nach vielen Sitzungen nehme ich mich so wahr. Wie oft fahre ich nach Solln zu meiner Therapeutin und denke dabei „Es hat sowieso keinen Zweck, mir kann keiner helfen", um immer wieder zu erfahren, dass ich doch wieder ein Stückchen weitergekommen bin. Eva Z. zeigt mir Wege aus meiner Sackgasse, zunächst nur andeutungsweise, später sehe ich zunehmend klarer. Ich fange mit ganz kleinen Schritten an, um nach und nach größere Abschnitte zurückzulegen. Langsam, ganz langsam beginne ich, umzulernen, mich aus alten, unbewussten Verhaltens- und Denkmustern zu lösen. Es ist kein gerader Weg, der mich zur Heilung führt, kein linearer Fortschritt, keine von Stunde zu Stunde in irgendwelchen Parametern messbare Entwicklung. Im Gegenteil: ein dorniger Weg, mit scharfen Kurven, engen Schluchten, Höhen und Tiefen. Zu Beginn der Therapie und immer wieder bei Rückschritten bin ich total verletzlich, brauche ganz viel Zuwendung, Nähe, Verständnis und Wärme.

Geborgenheit ist wie ein Kanister Wasser in der Wüste, eine Art Lebensversicherung.

In den Sitzungen lerne ich viel. Über mich und über meine Strategien, die ich im Laufe der Jahre entwickelt und optimiert habe, um zu funktionieren und um ganz subtile Verdrängungsmechanismen aufrechterhalten zu können. Über meinen familiären Hintergrund. Ich begreife, oder besser: Ich erkenne, in welchen Strukturen und Mustern ich aufgewachsen bin, warum ich in bestimmten Situationen extrem empfindlich reagiere, in anderen wiederum sehr dominant und streng. Ich lerne auch einiges über meine Träume, was sie mir sagen wollen. Warum manche Traumbilder immer wieder kommen. Ich erfahre auch viel über meine Ehe, was ich bei meinem Partner suche und warum ich gerade ihn letztlich gefunden habe. Viele Zusammenhänge erschließen sich mir erst im Laufe der Zeit, manchmal fühle ich mich geradezu allwissend, dann wieder unverstanden, missverstanden und reagiere gekränkt. Aber das alles ist eben Teil der Therapie. Und ich spreche darüber, was mich bewegt, was mich niedergeschlagen sein lässt, in die Knie zwingt und mich erhebt. Ich drücke aus, was mich bedrückt. Und da ich ein sehr extrovertierter Mensch bin, fällt es mir nicht schwer, mich mitzuteilen. Daran hat sich auch während meiner Krise nichts geändert – auch wenn mir die Worte manchmal ihren Dienst verweigern, Sprache an ihre Grenzen stößt. Auf Stunden und Tage der Euphorie folgen nicht selten wieder dunkle Phasen, bar jeder Hoffnung. Oft genug drohe ich zu resignieren.

„Nichts hat sich gebessert. Die Angst ist da. Sie schleicht sich bei mir ein, stimmt mich unruhig, macht mich des Lebens müde. Warum hört das nicht auf? Ich kann nicht mehr. Ich will nicht mehr. Ich habe das Vertrauen zu mir verloren. Auf mich ist kein Verlass mehr."

Nicht selten lande ich so verzweifelt in der Therapiestunde, bereit, alles zu tun, um innere Erlösung zu erlangen. Immer wieder serviere ich Eva Z. mein Innenleben, um ein bisschen Ruhe zu finden. Ein Königreich für einen Hauch Entspannung, für eine Stunde Pause. Unterbrechung. Cut – Schnitt.

Ich mache vieles, lerne unter anderem Entspannungstechniken und meditative Übungen. Autogenes Training habe ich vor Jahren gelernt und fange nun wieder damit an. Ich soll täglich üben und mir Zeit für mich selbst und mein Innen nehmen. Das soll ich lernen, weil ich es nie gelernt habe. Habe ich mich bislang nur über Arbeit und Erfolg definiert, sollen jetzt andere Inhalte an ihre Stelle treten. Sich erfreuen an der Schönheit der Natur, am Lachen eines Menschen. Bewusster leben, Sport treiben, Dinge tun, die Spaß machen. Um zur Ruhe zu kommen und als Hilfestellung für Notfallsituationen während ihres Urlaubs hat Eva Z. mir auch eine Kassette besprochen: Im Hintergrund klingen Tonschalen, dazu – weil ich oft Angst habe, abzuheben, den Boden unter den Füßen zu verlieren – ihre Stimme mit suggestiven Sätzen wie „Du bist ganz ruhig. Du hast Kontakt mit der Erde." Wenn ich mich zu Hause aufs Sofa lege und die Aufnahme anhöre, werde ich meistens ruhiger, schlafe nicht selten dabei ein. Außerdem hat sie mir das Präparat „Hyperforat" empfohlen, ein pflanzliches Johanniskrautmittel, das schon im Altertum für seine antidepressive und stimmungsaufhellende Wirkung bekannt und geschätzt war. Immer wieder greife ich während meiner Krise auf dieses Präparat zurück, da es keine Nebenwirkungen hat und völlig unschädlich ist. Manchmal habe ich das Gefühl, es hilft mir bei der Bewältigung der Probleme – oder ist es nur ein Placebo-Effekt?

„Es ändert sich nie. Es bleibt alles so schrecklich."

„Das Leben ist wie ein Fluss. Alles ist im Fluss. Alles verändert sich", sagt Eva Z. immer wieder. „Man weiß nicht, was am nächsten Tag kommt."

Auf diese Weise lerne ich langsam, den Augenblick zu genießen, nicht immer in die Zukunft zu planen und alle möglichen Probleme vorwegnehmen zu wollen. „Schreiben Sie doch einfach alles auf, was Sie bewegt. Es erleichtert Sie, glauben Sie mir, es macht Sie freier. Schreiben Sie vor allem die positiven Dinge auf, dann verändert sich auch die Sichtweise."

Ich bekomme Hausaufgaben wie: „Schreiben Sie abends oder tagsüber mindestens drei schöne Dinge auf, die Sie an dem Tag erfreut haben." Oder: „Kaufen Sie sich einen wunderschönen Blumenstrauß. Achten Sie nicht auf den Preis. Sie sind es wert." Ich lerne, mit meinem „inneren Kind" Kontakt aufzunehmen. In jedem von uns lebt dieses innere Kind. Dies wahrzunehmen und wertzuschätzen ist die wesentliche Voraussetzung, um eine heile, ganze Persönlichkeit zu werden. Das innere Kind ist für unser Wohlbefinden von entscheidender Bedeutung. In ihm sind die Gefühle, Erinnerungen und Erfahrungen aus der Kindheit gespeichert, an die wir uns zurückerinnern können. Das innere Kind macht sich in unterschiedlichsten Situationen ängstlich oder hilflos bemerkbar. Es hat die nicht verarbeiteten schmerzlichen Erfahrungen aus der Kindheit gespeichert und meldet sich dann zu Wort, wenn eines dieser Kindheitserlebnisse wieder erlebt wird. Wenn dann in der Therapie dahinter liegende Muster bewusst gemacht werden, kann der Klient alte Enttäuschungen verarbeiten, beispielsweise indem er mit seinem inneren Kind spricht, es liebkost, tröstet und beruhigt.

„Nehmen Sie Kontakt auf mit Ihrem inneren Kind. Nehmen Sie die kleine Andrea mehrmals täglich ganz fest in Ihre Arme und streicheln Sie sie."

Das innere Kind will Anerkennung und Zuwendung, die es als Kind nicht bekommen hat. Mittels solcher Übungen kann sich das innere Kind verändern, unbeschwerter und glücklicher werden. Anfangs bin ich ziemlich skeptisch, kann mir überhaupt nicht vorstellen, was das bewirken soll. Aber ich will nichts unversucht lassen. Und mit der Zeit merke ich, dass es mir gut tut, mit meinem inneren Kind Kontakt aufzunehmen. Manchmal muss ich dann weinen, weil schmerzhafte Erlebnisse in mir wach werden. Aber das befreit, erleichtert, entlastet.

Eva Z. arbeitet auch mit dem so genannten KB: Das ist die Abkürzung für Katathymes Bilderleben und eine Methode, bei der der Klient zu eine Vorgabe wie beispielsweise „Stellen Sie sich irgendeine Blumenwiese vor!" ganz eigene Vorstellungen entwickelt und verbalisiert. Ich lege mich für die Übung auf die Couch. Nach einer Entspannungseinleitung erzähle ich meine Vorstellungen und Assoziationen zum vorgegebenen Bild, das sich dann immer weiterentwickelt. Die Therapeutin unterstützt mich dabei durch Fragen, sie ist in Kopfhöhe mir zugewandt. Man arbeitet miteinander. Zu Hause male ich meine Gedanken und Vorstellungen noch auf ein Blatt Papier, in der nächsten Sitzung folgt eine kurze Erarbeitung der Bildinhalte, die ich entwickelt habe. Ich bin selbst überrascht, welche Lebensmuster dabei zum Vorschein kommen.

Wir rücken zudem meinen Vermeidungsstrategien auf den Leib: „Auf keinen Fall sollten Sie aus Angst vor dem Autofahren das Auto stehen lassen. Bewegen Sie es jeden Tag, auch wenn Sie nur einmal die Straße rauf und runter fahren. Das ist wichtig für Sie."

Ich werde angehalten, mich immer wieder in angstbesetzte Situationen zu begeben, Strategien zu entwickeln, um den Alltag so gut wie möglich meistern zu können. Auf der anderen Seite lerne ich gelassener zu werden, Reaktionen von anderen Menschen nicht mehr eindimensional zu beurteilen. Meinungen, Reaktionen können sehr unterschiedlich motiviert sein. Es gibt keine Monokausalität. Auch Bauchschmerzen können viele Ursachen haben, jedenfalls nicht nur physische. Und wenn jemand eine Verabredung mit mir kurzfristig absagt, ist er deswegen noch lange nicht unzuverlässig.

„Es kann viele verschiedene Gründe haben, warum Patrick Sie heute nicht angerufen hat. Warum suchen Sie sich nur den aus, dass er nichts mehr von Ihnen wissen will?", fragt sie und nennt mir die Hausaufgabe: in der kommenden Woche jeweils zehn Gründe suchen, warum der eine oder andere so reagiert haben könnte. Ich merke, wie mein persönliches Korsett weiter wird. Langsam kann ich freier atmen, bekomme mehr Luft. Kleine Meilensteine zieren meinen Weg.

Zwischendurch stehen jedoch auch herbe, dramatische Rückfälle und Einbrüche auf dem Programm. Grenzsituationen, in denen ich alle meine Kraft brauche, um nicht abzugleiten. Wenn die Angst hochkriecht, den Hals zuschnürt, Übelkeit und Schwindel zunehmen – dann ist es wieder soweit. Des Öfteren muss ich das Angebot meiner Therapeutin in Anspruch nehmen und sie abends oder am Wochenende anrufen. Dann ist telefonische Krisenintervention angesagt oder Harald fährt mich noch schnell hin. Das erlebe ich jedes Mal als persönliche Niederlage. Zwei Schritte vorwärts und einen zurück. Ein hartes Stück Arbeit. Glück und Unglück liegen tatsächlich nah beieinander.

„Es wird nie besser werden. Mir kann niemand helfen. Es ist alles so hoffnungslos."

Mein Schwarzweiß-Denken kennt oftmals keine Grenzen. Dann sitze ich auf dem Ledersessel und hoffe und warte darauf, dass Eva Z. mir widerspricht, mich aufbaut.

„Woher wissen Sie das?", entgegnet sie.

Nur ganz langsam und mühsam lerne ich, kleine Erfolge zu sehen und anzunehmen, mich bei Rückschritten nicht gleich zu verurteilen.

Wenn ich dann wieder einmal ganz tief unten bin, kann ich kaum sprechen und nur weinen. Aber auch das tut gut. Einfach alle Emotionen rauslassen. Natürlich auch nur, weil ich mich bei meiner Therapeutin so aufgehoben, respektiert und angenommen fühle. Da gibt es keine Rivalitäten, Schuldzuweisungen, Ablehnung oder versteckte Diffamierungen. Ich darf einfach ehrlich sein. Manchmal bin ich so erschöpft, dass ich mich danach hinlegen muss, manchmal so beschwingt, dass ich Bäume ausreißen könnte.

Ich will wissen, was in mir Angstzustände und Panikattacken auslöst. Ich weiß es nicht! Noch nicht?

„Kein Mensch kann das beim andern sehen und verstehen, was er nicht selbst erlebt hat." Hermann Hesse

Familie, Freunde und der Alltag

Manchmal kann ich keinen Menschen um mich herum ertragen, liege stundenlang fast regungslos auf dem Bett und hoffe, dass mich niemand stört, dass die Zeit einfach so vorbeigeht. Dann liegen meine Nerven bloß, jedes Geräusch kommt mir vor wie eine Bombe, die gerade explodiert, jedes Lachen und Rufen von Anna

Lea geht mir durch Mark und Bein. Jedes Wort von Harald bringt mich auf die Palme.

„Du verhältst dich wie eine alte Frau", bekomme ich manchmal von Harald zu hören, wenn er meine Befindlichkeiten schlichtweg nicht mehr erträgt. Auch seine Kraft ist auf eine harte Probe gestellt. Und nicht gerade selten höre ich von Freunden den Satz: „Sei froh, dass du so einen Mann hast, manch anderer hätte das nicht mitgemacht."

Das stimmt mich traurig, denn schließlich habe ich es mir nicht ausgesucht, dass es mir so beschissen geht. Außerdem verletzt es mich unsagbar, bin ich doch in diesen Phasen so schutzlos wie ein kleiner Säugling. Ein befreundeter Arzt kann mit meinen seelischen Problemen gleich gar nichts anfangen, er ignoriert meine Tränen und signalisiert mir durch sein Verhalten, dass er nichts damit zu tun haben will. Immer wieder aufs Neue erfahre ich Distanz, Ablehnung, und so mancher Kontakt reduziert sich total. Aber es gibt in dieser Zeit eben keine Garantie für eine fröhliche oder unbeschwerte Andrea; meistens geht es mir schlecht oder ich bin so in Hab-acht-Stellung, dass ich auch nicht locker sein kann. Ab und zu ertappe ich mich dabei, wie ich nach Erklärungen suche, warum einige Menschen angesichts meiner Tiefen des Lebens überfordert sind, warum sie nichts damit zu tun haben wollen. Vielleicht durchleben sie am eigenen Leib Phasen, in denen sie zusätzliche Probleme nicht noch verkraften können. Das beobachte ich ja nun auch an mir. Konnte ich früher alles irgendwie wegstecken, muss ich mich jetzt vor negativen Dingen schützen – tatsächlich fühle ich mich oft wie eine alte Frau.

Eines steht fest: Mein Mann und Tochter Anna Lea sind der Anker in meiner schweren Zeit. Ich weiß nicht, wie ich ohne die beiden zurechtkommen soll. Harald hört mir zu, macht mir immer wieder Mut und sagt: „Wir schaffen das schon. Hab Geduld mit dir. Du musst erst die Muster aufbrechen, die sich in mehr als dreißig Jahren gebildet haben. Das braucht seine Zeit."

Das tut unheimlich gut, ist überlebensnotwendig in diesen Tagen, an denen mir oft schon morgens die Kraft zum Aufstehen fehlt. Ich habe Angst vor dem Tag, der sich wie ein schwerer Stein auf mich zu senken scheint. Manchmal bin ich völlig ohne Antrieb, ohne Hoffnung. Dann fällt mir alles unheimlich schwer. Und immerzu lebe ich mit der Furcht, meine Lieben zu sehr zu strapazieren. Wer hält das schon über einen längeren Zeitraum aus? Oft plagen mich Gedanken wie „Wird er mich verlassen, weil ich einfach unerträglich bin mit meinen Befindlichkeiten? Weil er endlich mal eine fröhliche und unbeschwerte Frau am Frühstückstisch sehen möchte? Weil er das Lachen vermisst? Weil er einfach von Problemen die Nase voll hat? Weil er bei jedem Telefonklingeln im Büro eine Katastrophe zu Hause befürchten muss?"

Ich finde viele Gründe, warum Harald mich verlassen könnte. Ich kann mich ja selber nicht verstehen, nicht ausstehen, bin total unglücklich. Daher gebe ich die Suche auch nicht auf. Ich will endlich wissen, warum. Und ich will, dass es mir wieder gut geht, dass ich ein normales Leben führen kann. Ohne Angst und Traurigkeit. Aber ich habe nur noch wenig Kraft zum Kämpfen. Nur noch wenig.

Den Kontakt mit meiner Familie habe ich aus therapeutischen Gründen erst einmal abgebrochen. Ich schreibe einen Brief an meine Eltern, meine Brüder und an meine Schwester. Meine Geschwister sind alle um die Fünfzig, ich bin der Nachkömmling, als Einzelkind aufgewachsen. Für meine Eltern, das habe ich immer wieder gespürt, war ich nur eine Last. Ich war lebhaft, zu lebhaft für sie. Ich war neugierig, zu neugierig für sie. Ich war quirlig, meine Augen und Ohren hatte ich überall. Meine Mutter war 43 Jahre, als ich zur Welt kam, mein Vater fünf Jahre älter. Schon mit dreieinhalb Jahren hat man mich alleine zur Kur geschickt, mit fünf musste ich Urlaub auf einem Reiterhof machen, weil alle anderen aus der Familie zu Freunden nach Norwegen fuhren. Und mit sechs war ich wochenlang mit der Caritas am Bodensee. Mit acht ging's dann für fast zwei Jahre ins klösterliche Internat, mit 13 für ein gutes Jahr in ein katholisches Mädcheninternat. Oft, so oft fühlte ich mich einsam, ausgestoßen, isoliert und abgeschoben. Ich reagierte mit den Möglichkeiten eines kleinen Kindes: Ganz oft rief ich meine Eltern weinend an, weil ich wieder nach Hause wollte. Tja, so sah meine Kindheit aus. Erbärmlich.

Den Brief an meine Eltern schreibe ich, weil mir für Erklärungen während des Telefonats die Kraft fehlt und weil ich einfach nicht den Mut dazu habe. Ich brauche lebensnotwendig Ruhe und Zeit für mich, kein Nachfragen, kein Jammern und Weinen meiner Mutter. Die kommt mit der Funkstille am allerwenigsten zurecht. Aber das kann und darf nicht mein Problem sein. Diesmal denke ich nur an mich, werde ich sehen, was für mich wichtig und gut ist. Alles andere zählt nicht. Und außerdem bin ich nicht zuständig für ihr Glück. Lange genug habe ich mich dafür verantwortlich gefühlt. Jetzt habe ich eine eigene Familie und trage Verantwortung für mich, für Anna Lea und Harald. Wir sind wichtig. Unsere Basis muss wieder ins Lot kommen. Im Kopf ist das alles klar, trotzdem habe ich wahnsinnige Schuldgefühle. Wie kann ich meinen alten Eltern das antun? Welche Schande! Nur gut, dass Harald mich in jeder Beziehung unterstützt, mich ermutigt und zu mir steht.

Meine Geschwister akzeptieren meinen recht deutlichen „Pausenbrief", fragen höchstens mal bei Harald im Büro nach, wie es um mich steht. Ich hingegen träume, dass sie alle zu mir nach Hause gerannt kommen und vorwurfsvoll sagen: „Das kannst du doch nicht machen." Aber ich bin so am Ende, dass ich das kann – um zu überleben, muss ich einfach alles ausprobieren.

Meinen Freunden gegenüber nehme ich kein Blatt vor den Mund. Die meisten merken schon am Telefon an meiner Stimme, dass etwas mit mir nicht stimmt und fragen nach. „Andrea, was ist los? Du klingst so anders."

„Ich hatte einen Zusammenbruch. Es geht mir ganz schlecht", antworte ich dann meistens ehrlich. Ich kann und will nicht so tun, als wäre alles in bester Ordnung, mich verstellen. Und ich will auch nicht alle Kontakte auf Eis legen, ich brauche das Gespräch, den Zuspruch und das Gefühl, geliebt und auch in dieser Lebensphase akzeptiert zu werden. Immer habe ich funktioniert, organisiert und geplant – jetzt ist Stillstand angesagt.

Einige Freunde geben offen und unumwunden zu, dass sie das nicht nachvollziehen können, weil sie solche Zustände nicht kennen. Wie bin ich ihnen dankbar für ihre Offenheit. Nicht alle können das. Das ist wie bei Ohrenschmerzen, tröste ich mich: Wer sie noch nie gehabt hat, kann sich auch nicht vorstellen, wie schlimm sie sein können. Aber immerhin sieht man, wie sich der Betroffene das Ohr hält oder mit einem Wickel behandelt. Bei Angst und Depressionen sieht man nichts. Vielleicht ein paar Schweißtropfen auf der Stirn. Das war's dann aber auch schon. Genau das ist es aber, weshalb es mir so schwer fällt, meine Situation zu akzeptieren. Wenn ich doch nur eine ernste Krankheit hätte. Dies ist schlimmer als alle Schmerzen, die ich mir vorstellen kann. Ich nehme mir vor, mich nie wieder über Rücken- oder Zahnschmerzen zu beklagen.

Anna Lea ist mein Sonnenschein. Oft denke ich daran, dass sie mich braucht, dass sie nicht ohne Mutter aufwachsen soll, dass ich ihr viele Dinge vermitteln möchte, die meine Mutter bei mir versäumt hat. Sie ist recht unkompliziert, lacht viel und schreit wenig. Sie macht einen unbeschwerten und fröhlichen Eindruck. Immer wieder vergewissere ich mich bei Harald und bei Freunden, dass mit Anna Lea alles in Ordnung ist. Ich kann nicht einschätzen, wie sehr sie durch meine Gefühlslage beeinträchtigt ist. Aber sie hat ja glücklicherweise auch einige andere Bezugspersonen, die ihr viel geben.

Wichtig in dieser Zeit sind mir auch die Nachbarn, die mir immer wieder Hilfe anbieten.

„Sie können Anna Lea jederzeit zu mir bringen", kommt von der einen Nachbarin.

„Wenn was ist, ruf mich an oder komm vorbei", eine andere. Auf diese Weise halte ich auch ein paar Kontakte zur Außenwelt, ziehe mich nicht gänzlich zurück. Mit Ursula, einer jungen Frau, selbst Mutter von zwei kleinen Kindern, freunde ich mich an, im Laufe der Zeit wird sie zu einer der engsten Vertrauten. Bei ihr kann ich mich aussprechen und meine Sorgen loswerden. Für Anna Lea wird ihr Haus in der Zeit fast zur zweiten Heimat.

„Andrea, verlang doch nicht so viel von dir. Jetzt hattest du doch lange eine einigermaßen gute Zeit", versucht sie mich aufzubauen, wenn ich wieder einmal einen Rückschlag einstecken muss. Oder sie klingelt einfach an der Tür und überredet mich zu einem kleinen Spaziergang, nimmt Anna Lea mit auf den Spielplatz oder überrascht mich mit Kuchen.

Schön zu wissen, dass ich im Fall der Fälle Ansprechpartner habe, das tut mir unheimlich gut. Ich fühle mich aufgehoben, muss keine Rolle spielen, kann auch mit verweinten Augen vors Haus treten. Das ist wichtig. Und auch, dass ich mich nicht immer erklären muß. Hin und wieder, wenn es mir ganz dreckig geht, die Welt einzustürzen droht und ich das Gefühl habe zu ersticken, dann gebe ich tatsächlich Anna Lea zu einer Nachbarin: um das Ventil zu öffnen und hemmungslos und laut weinen zu können. Danach geht es mir meist besser.

Ja, mein Alltag hat sich ziemlich verändert. Mein Terminkalender – in „normalen" Zeiten durchaus bunt und ausgefüllt – bleibt jetzt streckenweise leer. Nur die wichtigsten Verpflichtungen nehme ich noch wahr.

Ich bin offen und ehrlich, zumindest bei guten Freunden, für Smalltalk habe ich keinen Raum mehr. Unter vielen fühle ich mich noch einsamer und will nur nach Hause, das Zusammensein mit ausgelassenen und fröhlichen Menschen fällt mir ebenfalls schwer. Weitläufige Bekannte, die bei mir oder Harald anrufen, blocken wir einfach ab.

Ich kann und will mich nicht festlegen, weil ich nie weiß, wie es mir am nächsten Tag geht. Traue ich mich nicht aus dem Haus? Wird das Einkaufen im Supermarkt vorne an der Straße zum großen Problem? Dann kann ich auf keinen Fall woanders hin zum Kaffeekränzchen. Stattdessen liege ich an solchen Tagen so viel wie möglich auf der Couch oder im Bett und fühle mich unendlich hilflos. Dann verkrieche ich mich. Fliehe. Versuche es jedenfalls. Irgendwann, denke ich dann, schaffe ich es schon noch, die Politik der ganz kleinen Schritte zu realisieren. Ich setze mir Tagesziele, um mir bei Erreichen stolz auf die Schulter zu klopfen: Mal ist es der Einkauf, mal ein Spaziergang im Englischen Garten, oder ich kann morgens ganz früh im Einkaufszentrum etwas erledigen. Es sind wirklich ganz kleine Schritte. Und oft genug bin ich wieder mit mir unzufrieden, weil sie nur so klein sind. Das hat natürlich zur Folge, dass ich mich noch mieser fühle. Zwischendurch frage ich mich immer wieder, ob ich Depressionen habe – denn ich kann mir meine Niedergeschlagenheit oft nicht erklären. Die Disposition liegt zwar bei uns in der Familie, aber auch meine Therapeutin ist überzeugt, dass ich kein depressiver Mensch bin. Also forsche ich auch nicht weiter in diese Richtung. Ist mir auch ganz recht, wenn ich keine Depressionen habe.

Meine Arbeit als Freie läuft weiter. Ich habe zwar durch mein abruptes Absagen aller Aufträge einen ganz großen Kunden verloren, ein anderer ist sehr verärgert und legt keinen Wert auf weitere Zusammenarbeit, aber alles in allem bin ich schon wieder im Geschäft. Und auch, wenn es mir ganz schlecht geht, zwinge ich mich an den Schreibtisch. Es kommt dann auch vor, dass ich weinend dort sitze, weil mir alles über den Kopf zu wachsen scheint. Aber ich kann einfach nicht alle Brücken abbrechen. Die Arbeit ist zum einen ein kleiner Draht ins „normale" Leben. Zum anderen können wir diese Finanzspritze auch gut gebrauchen.

Reisen sind nicht drin. Ich kann und will mich momentan räumlich nicht so weit von zu Hause entfernen. Den geplanten Urlaub am Gardasee haben wir nach meinem Zusammenbruch sowieso sofort storniert. Ich muss jetzt nicht noch eine zusätzliche Mutprobe starten, es reicht, wenn der Alltag nicht aus den Fugen gerät und ich den Haushalt regeln kann. Ich brauche die Gewissheit, dass meine Therapeutin erreichbar ist, dass ich mich zu Hause zurückziehen kann und mir alles vertraut ist. Wenn Harald eine Geschäftsreise macht, ist das für mich schon recht problematisch. Ich traue mir nichts mehr zu – weil diese Panikattacken wie aus heiterem Himmel kommen. Wenn ich sie vorhersehen oder mit bestimmten Ereignissen in Verbindung bringen könnte, wäre es ja ein Leichtes, darauf zu reagieren. Aber so fühle ich mich meinem inneren Dämon völlig ausgeliefert.

Harald ist ins Sauerland gefahren, um seine Mutter ins Krankenhaus zu bringen. Am selben Tag raste ich völlig aus. Ich spüre, wie mein Herz immer schneller schlägt, mir wird schwindelig, ich bin völlig unruhig, laufe voller Panik ans Telefon und rufe bei meinem Neurologen Dr. B. an. „Bitte helfen Sie mir", schluchze ich. „Es geht mir wieder ganz schlecht." – „Wir sind heute ganz voll. Es geht erst wieder morgen früh, Frau Hesse", so die Sprechstundenhilfe. „Nein, das geht auf keinen Fall. Ich drehe hier durch und bin mit dem Kind ganz allein", rufe ich verzweifelt ins Telefon. Anna Lea liegt ganz ruhig neben mir. Sie scheint erschrocken, so aufgewühlt hat sie mich noch nie gesehen. Nach Rücksprache mit dem Arzt kann ich umgehend kommen. Glücklicherweise ist meine Schwägerin Irmela zu Hause, und ich kann Anna Lea für die Zeit des Arztbesuchs zu ihr bringen. Jetzt rede ich behutsam auf unser Töchterchen ein. „Mein Liebling, es ist nichts passiert. Mama muss nur ein bisschen weinen, weil was weh tut. Jetzt fahre ich zum Doktor und bringe dich vorher zu Irmela."

Schnell packe ich die notwendigen Utensilien wie Milchflasche, frische Windel, Schnuller und Spielzeug ein und verfrachte Anna Lea ins Auto. Tränenüberströmt fahre ich los, weine weiter leise vor mich hin. Oh, Anna Lea, es tut mir Leid. Dann rede ich mit ihr, um mich abzulenken. Ich weiß nicht mehr, wie ich den 15 Kilometer langen Weg in die Praxis geschafft habe – aber ich komme an. In einem Nebenraum warte ich auf Hilfe, Tränen laufen mir übers Gesicht. Verzweiflung pur.

Ich erzähle kurz, dass Harald weg ist und ich ganz plötzlich diese Panikattacke bekommen habe. Dr. Briesenick spritzt intravenös ein Beruhigungsmittel. Ich soll mich am nächsten Tag wieder bei ihm melden. Langsam wirkt das Medikament, meine angespannte Muskulatur lässt ein wenig locker, die Tränen versiegen. Ich bin völlig erschöpft.

Anna Lea geht es bestens, sie hat gerade mit Irmela das herrliche Buch „Die kleine Raupe Nimmersatt" erkundet und ihre Finger immer wieder in die Löcher der Seiten gesteckt.

Am nächsten Tag kommt Harald zurück, da sieht die Welt schon wieder anders aus. Sollte ich aus Verlustangst so reagiert haben? Ich verstehe mich nicht, denn ich weiß doch im Kopf, dass Harald mich nicht verlässt und nur zwei Tage wegbleibt. Aber eben nur im Kopf…

Auch als meine Therapeutin für fünf Wochen in Urlaub fährt, bekomme ich die Krise und weine wie ein kleines Kind. „Frau Hesse, Sie schaffen das schon. Für den Notfall suchen Sie sich die Telefonnummern der Seelsorge heraus. Da können Sie immer anrufen", rät mir Eva Z. Und sie hält noch zwei weitere Adressen in München bereit, an die ich mich wenden kann. Das beruhigt mich ein wenig. Im Gespräch wird für mich deutlich, dass diese Trennungsängste durch meine Erlebnisse in der Kindheit ausgelöst werden. Ich wurde oft verlassen, habe aber früher den Schmerz und die Traurigkeit darüber verdrängen müssen, um überhaupt überleben zu können. So kann ich mich ein wenig besser verstehen. Wenn es auch unendlich schwer fällt, eigene Schwächen zu akzeptieren.

> „Uns kann nicht widerfahren, was nicht in unserem
> tiefsten Wesen zu uns gehört."   *Rainer Maria Rilke*

Auf dem Weg nach innen – mit Bachblüten, Magnetfeld und Louise L. Hay

Eines Tages kommt meine Nachbarin und Freundin Lore vorbei, die meine Verfassung kennt. „Andrea, ich gehe ein bis zwei Mal in der Woche zu Frau H. nach Schwabing. Sie beschäftigt sich mit vielen esoterischen Dingen und wendet auch eine so genannte elektromagnetische Feldtherapie an, die Körper und Geist harmonisiert. Komm doch einfach mal mit!"

Sofort beschleicht mich wieder dieses Angstgefühl. Es wächst und wächst. Es scheint fast so, als hätte die Angst nur auf Lores Vorschlag gewartet, um wieder meine Körperbühne zu betreten. Wie im Theater: „Ihr Auftritt, Frau Angst, kommen Sie, das Stichwort ist schon gefallen."

Auf zur elektromagnetischen Feldtherapie also. Aber wie soll ich bloß nach Schwabing kommen? Mit dem Auto finden wir dort keinen Parkplatz, und ich fühle mich auch nicht in der Lage, dorthin zu fahren. Und U-Bahn? Ich bin schon lange nicht mehr U- und S-Bahn gefahren, schon bei dem Gedanken daran wird mir ganz unterirdisch schlecht.

Ich denke schnell noch mal darüber nach und stimme dann doch zu. Ich muss es einfach ausprobieren. Nach einem Gespräch mit Frau H. vereinbaren wir einen Termin für die nächste Woche. Eigentlich ist sie immer lange im Voraus ausgebucht, aber Lore hat sie eindringlich gebeten, mich recht bald mitbringen zu dürfen.

Am nächsten Dienstag ist es dann soweit. Kaum bin ich aufgestanden, schießt mir der bevorstehende „Ausflug" durch den Kopf, und prompt fühle ich mich mulmig. Übelkeit und Schwindel lassen nicht lange auf sich warten. Am liebsten würde ich alles absagen. Dann finde ich mich in Lores Auto wieder – unterwegs zur U-Bahn-Haltestellte. Mir ist eng. Ich versuche mich abzulenken, indem ich die ganze Zeit über alles Mögliche rede. Als wir in der U-Bahn sitzen, meine ich anfangs, es nicht aushalten zu können, denke sogar daran, die Notbremse zu ziehen. Aber ich schaffe es. Wie, weiß ich bis heute nicht.

In Schwabing angekommen, müssen wir ein paar Minuten warten, bis Frau H. uns in ihr Reich bittet. Sie ist eine attraktive, freundliche und warme Frau. Ihre Art tut mir gut, sie vermittelt irgendwie Zuspruch und Zuversicht. Wie ein Schwamm sauge ich momentan jede Zuneigung auf. Und sei sie auch noch so klein.

„Das kriegen wir schon wieder hin. Gleich probieren Sie mal das Magnetfeld. Es wird Ihren Energiemangel sicher ausgleichen. Erst wenn die Energie stimmt, stimmen auch die biochemischen Abläufe und die Lebensfreude erwacht. Davon bin ich überzeugt." Dann fragt Frau H.: „Haben Sie schon mal Bachblüten probiert?" Ich habe davon gehört, mich aber nie näher mit dieser Thematik beschäftigt. Frau H. erklärt: „Dr. Edward Bach hat Anfang des 20. Jahrhunderts 38 Bach-Blüten entdeckt, die in einer bestimmten Konsistenz seelische Zustände wie Angst und Unzufriedenheit behandeln. Jede einzelne Blüte steht dabei für einen bestimmten psychischen Zustand."

Sie gibt mir Bachblüten-Karten, die ich mit der linken Hand verdeckt auf einen Tisch lege. Dann ziehe ich fünf Karten, und Frau H. stellt anschließend aus den fünf Karten meine persönliche Mischung zusammen, die sie mir in einer kleinen Flasche gibt.

„Dreimal täglich drei bis fünf Tropfen auf die Zunge träufeln. Das hilft", beruhigt sie mich. „Wir kriegen das schon wieder hin."

Ein Glücksmoment jagt durch meinen Körper, der positiv reagiert. Ich fühle Entspannung. Überall – von der Stirn über den Nacken und die Finger bis hinunter zu meinen Waden. Flugs stellt sich wieder eine Prise Hoffnung ein: Werde ich mich bald besser fühlen? Diese im weitesten Sinne esoterische Richtung ist für mich neu, bisher habe ich ausschließlich auf die Schulmedizin gesetzt. Aber Not macht erfinderisch, wie eine Volksweisheit sagt. Not macht wohl auch mutig, mutig genug jedenfalls, eingefahrene Wege zu verlassen. Jetzt bin ich erst einmal gespannt, was das Magnetfeld bewirkt, das ich heute kostenlos ausprobieren darf.

Als Lore nach zwanzig Minuten fertig ist, setze ich mich auf den ersehnten Stuhl. Eine Elektrode wird am Herzen, eine andere in der Leistengegend angeschlossen. Dann wird das Gerät eingeschaltet. Stille, Spannung. Ich spüre nichts, überhaupt nichts. Kein Wunder, denn Schwingungen kann man ja auch nicht spüren, oder etwa doch?

Sofort meldet sich der Zweifel zu Wort: Sollte nur Geschäftemacherei und Scharlatanerie im Spiel sein? Oder wirkt der Placebo-Effekt?, fährt es mir durch den Kopf. Aber nein, Lore hat die positive Wirkung ja bei sich feststellen können. Warum sollte es also ausgerechnet bei mir nicht wirken? Ich entspanne mich in den zwanzig Minuten, so gut es eben geht. Zwischendurch fällt mein Blick immer wieder auf die Uhr. Die Zeit rast und ich stehe unter Druck. Der Babysitter für Anna Lea ist für zwei Stunden da, allein die Rückfahrt dauert wieder dreißig Minuten. Die Zeit wird immer knapper, ich warte nur auf das Schlusssignal der Maschine.

„Jetzt nehmen Sie mal die Tropfen, und nächste Woche sehen wir dann weiter", verabschiedet mich Frau H. herzlich und schenkt mir die Bachblüten.

Trotz Zeitdruck fühle ich mich ein wenig euphorisch. Liegt es am Magnetfeld? An den ersten Bachblüten, die ich bereits genommen habe? Ach, ist mir jetzt auch egal, Hauptsache, es geht bergauf.

„Harald, ich kaufe mir ein Zehnerabo fürs Magnetfeld, auf dem ich heute war." Keine Reaktion. „Was meinst du dazu?", insistiere ich. „Wenn du glaubst, dass es gut für dich ist, dann mach es. Und was kostet der Spaß?" – „250 Mark für zehn Sitzungen. Das ist doch nicht die Welt, ich sollte es wenigstens mal ausprobieren." – „Was soll das Magnetfeld denn bewirken?", fragt Harald weiter. „Das sind physikalische Gesetze, das kann ich auch nicht so richtig erklären", muss ich zugeben.

In der nächsten Zeit fahre ich also wöchentlich ein bis zwei Mal mit Lore dorthin. Anna Lea bringe ich für die Zeit irgendwo unter. Aber es kommt wieder völlig anders als geplant. Nach acht Sitzungen breche ich diese Therapie ab, weil ich keine nennenswerten Veränderungen an mir feststellen kann. Außerdem werden mir die Fahrten in die Stadt lästig und mit Babysitter auch zu kostspielig. Trotzdem war es den Versuch wert.

An einem Herbstabend im Jahr eins nach meinem Horrortrip unternehme ich noch einen Spaziergang zum Briefkasten. Es ist kurz nach 21 Uhr. Der Himmel ist stockfinster, nur die Straßenlaternen und die wenigen vorbeifahrenden Autos werfen Lichtkegel ins Dunkel. Zufällig fällt mein Blick auf ein schwach beleuchtetes Plakat an einem Stromkasten. „LIEBE DICH SELBST" steht da in großen Lettern. Ja, denke ich. Das ist es. Das muss ich lernen. Wenn ich mich selbst liebe und mit all meinen Schwächen akzeptiere, dann geht es mir sicher schon bald besser. Nur weil ich meine, immer hundertprozentig funktionieren zu müssen, spielen mir mein Körper und mein Geist diesen Streich. Ich soll lernen. Das ist des Rätsels Lösung. Sofort lese ich den ganzen Plakattext, der für ein Wochenendseminar wirbt, auf dem die Denkweise einer gewissen Louise L. Hay vermittelt werden soll. Noch nie gehört, denke ich, bin aber dennoch sehr interessiert. Ich präge mir die Telefonnummer ein und gehe schnell nach Hause, wo ich sie notiere. Harald erzähle ich nichts. Ob er mich überhaupt verstehen würde?

Am nächsten Tag, Harald und Anna Lea sind kaum aus dem Haus, wähle ich die angegebene Nummer und bitte um das Informationsmaterial.

Aufmerksam lese ich ein paar Tage später die Botschaften der Amerikanerin Louise L. Hay, die selbst sehr viel Erfahrung mit den Denkmustern gemacht hat, die zu körperlichen Erkrankungen führen – auch durch ihre eigene Heilung von Krebs. „Es weckt in dir die Fähigkeit, zu deinem Heilungsprozess selbst beizutragen. Damit wir gesund und heil werden, müssen wir ausgeglichen werden in Körper, Seele und Geist. Wir müssen gut für unseren Körper sorgen. Wir müssen eine positive Einstellung zu uns selbst und zum Leben haben", lese ich.

Ich fühle mich angesprochen, melde mich aber letztendlich doch nicht zum Seminar an, weil ich mich dazu nicht in der Lage sehe. Zwei Tage weg von zu Hause, sich unter fremden Menschen in unbekannte Situationen begeben – dazu fehlt mir einfach die nötige Kraft. Das muss ich unumwunden eingestehen. Aber ich kaufe mir ein paar Tage später eines der Bücher von Louise L. Hay „Heile Deinen Körper. Seelisch-geistige Gründe für körperliche Krankheit".

Darin geht sie davon aus, dass fast alle Krankheiten geheilt werden können, aber dass wir dafür nach innen gehen müssen, um alte Denkmuster aufzulösen. Alles, was wir geistig oder verbal aussenden, wird in gleicher Form zu uns zurückkommen. „Sei bereit, deine Worte und Gedanken zu ändern, und beobachte, wie dein Leben sich verändert", schreibt sie in ihrem Vorwort. „Wenn wir ein Leben voller Freude wünschen, müssen wir freudvolle Gedanken denken."

Das klingt alles recht logisch. Begierig blättere ich durch das kleine Heft, in dem auf fast vierzig Seiten körperliche Beschwerden von Abszess über Gürtelrose und Mandelentzündung bis hin zu Zysten aufgelistet sind. Daneben steht der wahrscheinliche Grund und dann folgt das neue Gedankenmuster, das der Leser verinnerlichen soll, um Heilung zu erfahren.

Gleich hole ich weißes Büttenpapier und einen Füllfederhalter und schlage unter meinen Beschwerden nach. Die entsprechenden neuen Gedankenmuster, die Affirmationen – alles schreibe ich fein säuberlich auf.

„Angst: Kein Vertrauen in den Fluss und Fortgang des Lebens" lese ich und notiere: „Ich liebe und akzeptiere mich und traue dem Prozess des Lebens. Ich bin in Sicherheit." Ob Depression, Ermüdung oder Kiefer- und Wirbelsäulenprobleme – ich fülle ein ganzes Blatt mit Affirmationen für mich und spüre, dass mir allein schon das Lesen dieser Zeilen gut tut.

Lange Zeit hole ich fast jeden Abend die Klarsichthülle unter meinem Kopfkissen hervor und lese den Text laut. Er hört sich einfach gut an und lässt mich häufig zuversichtlich einschlafen. Aber auch positives Denken will gelernt sein. Denn nach einem tränenreichen Tag ist es nicht so leicht, positive Gedanken aufzubauen und zu halten, um in den Schlaf zu gehen. Aber ich bleibe am Ball.

Das zweite Jahr: Ich gebe noch lange nicht auf

„Das Weinen hat seine Zeit und das Lachen hat seine Zeit, das Trauern hat seine Zeit und das Tanzen hat seine Zeit." Eccl. 3, 4

Das Jahr fängt gut an

Mir geht es gut. Ich kann es kaum glauben, dass ich mich innerlich wieder frei fühle. Aber je länger die gute Zeit dauert, desto mehr traue ich dem Seelenfrieden.

„Harald, was meinst du, warum es mir so gut geht? Was ist passiert? Erkennst du irgendwelche Zusammenhänge? Wie kommt das nur?", frage ich ihn des Öfteren.

„Erklären kann ich mir die Veränderung nicht. Genieße die Zeit, und denk nicht immer daran, was einmal war. Was zählt, ist das Heute und Morgen."

Auch Harald ist sichtlich erleichtert, dass sich die Stimmung zu Hause entspannt hat und auch wieder gelacht und gealbert wird. Und ich bin überglücklich, dass ich mich unbeschwerter unserer Tochter zuwenden kann, ohne dass mein Lächeln aufgesetzt, meine Fröhlichkeit nur Tarnung ist. Es ist, als wäre ich aus einer anderen Welt aufgetaucht, als ob endlich Fesseln von mir abgefallen wären. Manchmal traue ich mich sogar, richtig glücklich zu sein, freue mich auf den Tag und bin unternehmungslustig wie eh und je. Auf der einen Seite habe ich das Gefühl, unendlich viel nachholen zu müssen. Auf der anderen Seite begebe ich mich bei meinen Aktivitäten immer wieder in Situationen, die in meiner schlechten Zeit angstbesetzt sind. So auch am 19. Januar.

Mein Mann hat Geburtstag und ist ebenso wie ich ein Fan des politischen Kabaretts. Und da wir beide auf größere Feste keinen besonderen Wert legen, feiern wir den Abend in der Münchner Lach- und Schießgesellschaft bei dem Programm von Hanns-Dieter Hüsch. Nur eines ist anders als sonst. „Ich leide unter Platzangst, könnten wir bitte nahe dem Ausgang sitzen?", hatte ich schon vor Wochen bei der telefonischen Bestellung gebeten.

So mache ich mich mit einem etwas mulmigen Gefühl auf den Weg. Es kommt mir mal wieder wie eine Mutprobe vor. Wir sitzen auf dem Kassenbänkchen direkt am Ausgang. Wie immer gefällt es uns eigentlich bestens. Nur in mir scheint ein kleines Männchen zu sein, das mich genau beobachtet und immer wieder fragt: „Geht es dir wirklich gut hier in dem Gedränge? Macht es dir nichts aus, dass die Luft so stickig ist?" Das nervt. Meine Gedanken kreisen immer wieder darum, ob ich nun Platzangst habe, bekomme oder bekommen könnte. Es will mir einfach nicht gelingen, richtig abzuschalten, dieser ständige Druck trübt mich. Aber ich schaffe den Abend und bin unendlich froh, wieder ein kleines Stück Freiheit dazugewonnen zu haben.

Die nächsten Wochen verlaufen innerlich ruhig und äußerlich abwechslungsreich – wie ich es eigentlich von mir gewohnt bin. Die Antidepressiva sind ja mittlerweile unter ärztlicher Kontrolle ausgeschlichen, ich fühle mich gut, gehe mit Anna Lea zum Mutter-Kind-Turnen, treffe mich mit Freundinnen und deren Kindern zum Kaffeetrinken und Ratschen und nehme auch wieder Freiräume ohne Mann und Tochter wahr. Abends ein Essen mit einer guten Freundin, am Wochenende mal allein ins Kino. Auch Anna Leas erster Geburtstag wird groß gefeiert: Fünf Kinder kommen mit ihren Müttern – und es macht mir nicht mehr als den üblichen Stress bei Geburtstagsfesten. Ich bin richtig stolz auf mich, werde zunehmend stabiler.

Auch unserer Ehe tut diese Entspannung sehr gut. Wir gehen mittags zusammen chinesisch essen, lachen viel, streiten uns wieder gerne und vor allen Dingen gleichberechtigt. Wir gehen ins Haus der Kunst, machen Ausflüge in die Umgebung und genießen mit Anna Lea unser Familienleben. Immer wieder denke ich jetzt an ein zweites Kind. „Harald, sollen wir es einfach wagen? Mir geht es wieder so gut und Anna Lea ist jetzt ein Jahr alt. Das ist doch ein guter Abstand." Aber Harald reagiert zurückhaltend. „Ich möchte auch gerne noch ein Kind. Aber wir haben doch Zeit. Jetzt warte erst einmal ab, genieße das Leben mit Anna Lea und setze dich nicht schon wieder so unter Strom." Auch die Therapeutin rät: „Lassen Sie doch noch etwas Zeit vergehen. Ein zweites Kind macht dreifach Arbeit und Anna Lea ist noch so klein."

Ich bin sauer. Traut mir denn niemand was zu? Jetzt habe ich schon eine ganze Zeit unter Beweis gestellt, dass ich an mir arbeite und dass die Arbeit Früchte trägt. Warum noch warten? Außerdem bleiben die meisten Frauen in der Schwangerschaft von Angstzuständen und Panikattacken verschont – durch einen biologischen Schutzmechanismus. Aber ganz tief im Innern spüre auch ich einen Widerstand, eine diffuse Angst vor noch mehr Verantwortung. Das gebe ich allerdings nicht zu, spreche stattdessen auch bei anderen ganz offen über meinen Kinderwunsch. Ich will die Hoffnung nicht aufgeben, dass mir irgendjemand die Entscheidung abnimmt. Die Reaktionen fallen ganz unterschiedlich aus. Menschen, die mich gut kennen, warnen vor vorschnellen Entschlüssen, die nicht mehr rückgängig zu machen sind. Andere freuen sich, wie viele sich eben darüber freuen, wenn ein neues Wunder auf die Welt kommen soll. Es gibt weder ein eindeutiges Ja noch ein eindeutiges Nein. Abwarten. Und ich begreife, dass ich diese Entscheidung mal wieder ganz allein treffen muss.

Anfang April kommt meine Nichte Barbara, um auf ihr Patenkind Anna Lea aufzupassen. Harald und ich wollen endlich mal ein paar Tage allein Urlaub machen. Zu Hause ist alles vorbereitet, die Medikamente für den Ernstfall beschriftet, Listen mit Telefonnummern und Adressen liegen auf dem Wohnzimmertisch, ein Essensplan informiert über die Vorlieben unserer Zuckermöhre. Irgendwie ist es doch ein komisches Gefühl, jetzt ohne unsere kleine Tochter wegzufahren. Aber wir wissen sie gut aufgehoben, denn

Barbara hat ein Händchen für Kinder. Freitag Mittag geht es los. Wir fahren in ein wunderschönes Hotel mitten in der Altstadt von Regensburg. Nicht weit, damit wir im Fall der Fälle schnell wieder in München sind. Bei der Abfahrt ist mir flau im Magen. Ob wohl alles klappt? Auch für mich ist es eine große Reise, denn ich fahre das erste Mal seit meiner Krise weg. Für den Notfall und zur Beruhigung habe ich Bachblüten-Tropfen und auch den Rest meiner Tranquilizer eingesteckt. Man weiß ja nie.

Die Zeit zu zweit ist schön. Trotzdem denken wir beide ständig an Anna Lea. Sie gehört zu uns und ist nicht mehr wegzudenken. Aber auch das Loslassen muss gelernt sein. Deshalb bleiben wir.

Von Barbara und Anna Lea kommen nur gute Nachrichten, die Kleine schreit nicht, ist ganz ruhig, alles scheint bestens. Harald ist fast ein wenig enttäuscht, dass sein Töchterchen ihn nicht vermisst. Sonntag gleich nach dem Frühstück fahren wir schon wieder gen Heimat. Sind richtig aufgeregt. Ich bin überglücklich, dass ich die Tage ohne Angstzustände verleben konnte. Als ich in München Anna Lea im Hochstuhl sitzen sehe, weiß ich sofort, warum sie so ruhig ist: Sie hat einen hochroten Kopf und das Thermometer bestätigt – fast 40 Grad Fieber. Jeder reagiert eben auf seine Weise auf Trennungen.

„Unser Leben ist das, wozu unsere Gedanken es machen."
Marc Aurel

Urlaub auf der Insel Sylt – ein Fest für meine Platzangst

Sonne, Sand und Meer, Wellen, Spaziergänge, Strandkorb, Radtouren – ich freue mich schon jetzt auf unseren ersten Familienurlaub. Zwei Wochen. Zwar habe ich in der Fachliteratur gelesen, dass die Reise auf eine Insel für einige Angstpatienten mit Platzangst recht schwierig ist. Aber ich bin total zuversichtlich, habe ja

eine gute Zeit und fahre mit Mann und Maus auf meine Lieblings-
insel, wo wir eine schöne, große Wohnung gemietet haben. Damit
sich jeder, falls nötig, auch ein wenig zurückziehen kann. Was will
ich eigentlich mehr?

Auf dem Weg von München nach Sylt bleiben wir noch für eine
Woche bei den Schwiegereltern im Sauerland, von dort starten
wir unsere Unternehmungen. Verwandte, Freunde und Bekannte
– alle wollen endlich unsere Tochter sehen. Aber es kommt alles
ganz anders. Die Tage im Sauerland werden der reinste Horrortrip. Schon auf der Hinfahrt bekomme ich dieses Engegefühl, reagiere bedrückt und bin still. Fast hatte ich dieses Gefühl vergessen.
Aber schon bei den ersten Anzeichen weiß ich Bescheid, was mich
erwartet. Harald versucht mich aufzubauen. „Steigere dich nicht
so rein. Das wird bestimmt eine schöne Zeit. Drei Wochen Urlaub.
Du wirst sehen."

Haralds Elternhaus ist nicht sehr groß, die Schlafmöglichkeiten
entsprechend. Wir übernachten in getrennten Zimmern, mit Bett-
decken schwer wie Blei. Ich mache kaum ein Auge zu. Das Leben
hier ist so anders als das unsere in München. Ständig wird geputzt,
über Nachbarn und Freunde geredet. Wie es in den Menschen
wirklich aussieht, bleibt auch auf Nachfragen ein Geheimnis. Es ist
nur wichtig, was die anderen denken, über eigene Befindlichkeiten
spricht man nicht. Auch uns fragt niemand, wie es beruflich und
privat geht, ob ich mich schon besser fühle. Jeder tut so, als wäre
nie etwas mit mir geschehen. Diese Atmosphäre bedrückt mich
zusätzlich.

Ich habe Angstzustände, wieder liegen meine Nerven bloß und
ich bin total aggressiv. Ich hadere mit mir selbst. Warum kann ich
diese Tage, die Menschen nicht einfach so nehmen, wie sie sind.
Ich sitze auf einem aktiven Vulkan. Hinzu kommt, dass ich viele
Verabredungen getroffen habe. Jetzt schweben alle Termine wie
ein Damoklesschwert über mir. Allerdings will ich auch nicht den
ganzen Tag bei den Schwiegereltern im Haus hocken. Deshalb
halten wir den eng geschnürten Terminplan ein. In der Nacht vor

unserer Abreise nach Sylt bin ich schließlich völlig am Ende. Die Woche hat mich total geschafft, keinen Raum, um sich zurückzuziehen, immer präsent sein – ich will zurück nach München.

„Harald, bitte lass uns zurückfahren. Ich bin völlig am Ende, jetzt noch so eine lange Fahrt nach Sylt – das packe ich einfach nicht. Bitte, bitte", flehe ich ihn morgens früh im Badezimmer leise an. „Red nicht so einen Quatsch. Jetzt ist aber Schluss. Reiß dich mal zusammen, wir fahren nach Sylt", herrscht er mich an. „Dann fahre ich eben allein mit dem Zug nach München. Harald, ich kann einfach nicht mehr. Mir geht es total schlecht."

„Ich bin es wirklich leid. Immer dieses Theater. Was soll das alles? Wir fahren jetzt nach Sylt und du fährst mit. Basta." Während ich die Koffer packe, weine ich leise vor mich hin. Anna Lea ist schon mit Opa zum Frühstücken in die Küche gegangen. Was soll ich nur machen? Ich will ja auch nicht allein nach München. Aber warum hat es mich wieder erwischt? Was ist der Auslöser? Ich begreife es einfach nicht.

Nach dem Frühstück fahren wir los. Ich habe keinen Bissen runtergekriegt, sitze völlig angespannt hinten neben Anna Lea im Auto. Die Autobahn ist voll, alle fahren so schnell. Platzangst macht sich breit. Ich versuche tief ein- und auszuatmen, nehme die Bachblüten-Notfalltropfen und versuche ein wenig zu dösen. Aber das geht nicht. Unser Töchterchen will unterhalten werden. Sie macht während der sechsstündigen Fahrt nicht ein einziges Mal die Augen zu. Dafür ist sie viel zu neugierig. Als Hamburg in Sicht ist, versuche ich, nicht an die Fahrt durch den Elbtunnel zu denken. Kurz davor schließe ich die Augen und halte zu meiner Beruhigung Anna Leas Händchen. Ich habe Angst vor einer Panikattacke.

„Harald, gib mir bitte Bescheid, wenn wir aus dem Tunnel raus sind", versuche ich so locker wie möglich zu sagen. Nur nicht dramatisieren. Dann mache ich die Augen wieder auf, mir fällt ein kleiner Stein vom Herzen. Aber die Zugfahrt auf dem Hindenburgdamm liegt noch vor uns. Ich werde immer aggressiver, der Wortwechsel zwischen Harald und mir heftiger, ein Wort gibt das andere. Bald ist die Rede von Trennung und Sorgerecht, die Nerven sind bis aufs Äußerste angespannt. „Das ist doch kein Urlaub mit dir. Ich habe es langsam satt. Nirgendwo kann man mit dir hinfahren", reagiert Harald unwirsch. Wir werfen uns alle möglichen und unmöglichen Dinge an den Kopf, das Streitniveau gleitet immer weiter ab. Ich habe das Gefühl, dass ich neben mir stehe und etwas inszeniere, was ich eigentlich gar nicht will, es immer weiter auf die Spitze treibe. Es kommt mir fast vor wie ein Spiel. Aber ich weiß genau, es ist bitterer Ernst. Und was erst einmal gesagt ist, das kann man auch nicht mehr ungesagt machen. Das kann ja noch heiter werden, denke ich verzagt.

Während der Überfahrt nach Sylt studiere ich eifrig die Abfahrtszeiten und bin beruhigt, dass man bis spät in den Abend und ab den frühen Morgenstunden die Insel verlassen kann. Gleichzeitig frage ich mich, ob ich noch normal im Kopf bin, dass diese Ängste mich plagen. Ich stehe unter einem enormen Druck, will auf Sylt sofort wissen, wo der nächste Arzt wohnt, damit ich im Notfall dort Tranquilizer holen kann. Überall muss ich die Möglichkeiten für eine Flucht eruieren. Die Platzangst droht mich zu ersticken. Die guten Zeiten sind vergessen. Ich stecke tief im Teufelskreis und alle Symptome der Angst wiederholen sich. Mit einem so herben Rückfall habe ich nun wirklich nicht gerechnet. Eher gehofft, durch die Therapie schon weiter zu sein, ein wenig gesichert vor solchen Tiefen. Und ich erinnere mich – zwar ungern – an den Mann von M.A.S.H. (Münchner Angst-Selbsthilfe-Gruppe), der auch von seinen immer wiederkehrenden Rückfällen sprach. Geht das jetzt ewig so weiter? Ich kann wirklich nicht mehr. Gerade habe ich ein wenig normal gelebt, wie eben viele andere Menschen auch. Da erwischt es mich schon wieder wie aus heiterem Himmel. Ich fühle mich schwach und hilflos, bin unendlich traurig. Fragen über Fragen quälen mich, ich finde keine Antworten.

„Was meinst du, warum geht es mir wieder so schlecht? Wird das ewig dauern? Was soll nur werden? Was soll ich nur machen? Was habe ich in meinem Leben falsch gemacht? Wofür werde ich bestraft?", frage ich Harald unerträglich oft. Immer und immer wieder kreisen diese Gedanken in meinem Kopf. Daran ändert auch die wunderschöne Umgebung auf Sylt nichts. Für Harald muss das wirklich ätzend sein. Oft, viel zu oft, rede ich mit ihm darüber. Er kann es schon nicht mehr hören, weiß keine Antwort mehr. Alles ist gesagt. Aber ich will immer wieder hören, dass es schon wieder gut wird. Dass eben alles seine Zeit braucht, dass wir diese große Krise schon meistern werden. Auch Anna Lea spürt meine Situation und reagiert auf ihre Art und Weise. Sie ist total auf Harald fixiert, will nur auf seinen Schoß, nur von ihm die Milch, nur zu ihm aufs Rad. Ich kann die kleine Maus zwar vom Kopf her verstehen – denn wer würde nicht den sicheren Platz suchen? Aber innerlich fühle ich mich tief verletzt und bestraft.

Ein toller Urlaub! Ich habe mal wieder alles versaut. Immer mache ich miese Stimmung. Immer bin ich down und unzufrieden. In vielen Momenten frage ich mich, warum Harald mich noch nicht verlassen hat. Mit so einer Frau kann man doch einfach nicht zusammenbleiben. Das bekomme ich von meinen Mitmenschen durch die Blume ja auch immer mal wieder zu hören. Es ist zum Heulen. Von Erholung keine Spur. Als wir nach zwei Wochen wieder zu Hause sind, bin ich nur noch eins: froh.

„Es gilt, sein Leben lang zu arbeiten, zu kämpfen und jeden Tag neu zu beginnen. Man muss nicht nur mit anderen Geduld haben, sondern auch mit sich selbst."   Franz von Sales

Die innere Trauer lässt mich nicht los

Es ist wieder einmal soweit. Mir wird alles zu viel. Egal was ich mache, es kostet mich unendlich viel Kraft und Energie. Ich komme mir vor wie eine alte Frau, die ihr ganzes Leben lang hart gearbeitet hat. Körperlich ausgelaugt, seelisch bedrückt und hoffnungslos. Ich brauche unendlich viel Schlaf, und wenn ich mich mittags mal nicht hinlegen kann, weil Anna Lea es sich anders in den Kopf gesetzt hat, dann ist das für mich die Hölle. Ich brauche Ruhephasen zur Regeneration, sonst schaffe ich den Tag nicht. Abends gehe ich meistens früh ins Bett in der Hoffnung, meine leere Batterie aufladen zu können. Aber das ist ein Trugschluss. Immer wieder wache ich morgens gegen vier Uhr auf, kann dann nicht mehr einschlafen und sehe dem Tag voller Angst entgegen. Wenn ich keine Verpflichtungen mit Kind und Haushalt hätte, würde ich wohl oft den ganzen Tag im Bett verbringen.

Die Stunden bei meiner Therapeutin bauen mich wieder ein wenig auf, aber das hält meistens nichts lange vor, dann fliegt „es" mich wieder an. „Harald, was will dieser Dämon von mir? Ich habe das Gefühl, einen Knopf ausschalten zu müssen, um dem ganzen Spuk ein Ende zu bereiten. Aber ich habe keine Ahnung, wo er sich befindet. Es ist schrecklich. Ich weiß nicht, wie lange ich das noch schaffe." Auch Harald fehlen oft die Worte, um auf meine Verzweiflung und Trauer zu reagieren. Oder er wird barsch: „Diese Frage hast du mir schon hundertmal gestellt, es ist bereits alles gesagt. Was soll ich dazu noch sagen?" Eine wohl verständliche Reaktion von ihm, die mich aber traurig macht.

In meiner Not schalte ich in der Süddeutschen Zeitung unter „Verschiedenes" ein Inserat: „Angstneurose, Panikattacken, Depression. Wer weiß Rat. Chiffre …". Schon des Öfteren habe ich in meiner Lieblingsrubrik Hilferufe dieser Art gelesen und finde es eine sehr gute Idee, anonym auf die Erfahrungen vieler anderer Menschen zurückgreifen zu können. Wer weiß, was dabei rauskommt. Insgesamt erhalte ich zwölf recht unterschiedliche Zuschriften, größtenteils von Betroffenen. Die einen schildern mir ihre persönlichen Therapieerfahrungen, andere schreiben nur ihre Telefonnummer und bieten mir ein Gespräch an, wieder andere machen mich auf Literatur aufmerksam.

„Leider kann ich Ihnen keinen Mut machen, denn ich habe diese Krankheit schon seit mehr als zehn Jahren. Sie müssen sich damit abfinden." Dieser Brief landet sofort im Papierkorb, das will ich auf keinen Fall akzeptieren. Obwohl ich mich hundeelend fühle, gebe ich den Kampf immer noch nicht auf. „Ich schreibe anonym, weil ich meine Kraft einteilen muss, wie Sie sicher verstehen können. Mir haben Massagen nach Gerda Boyesen geholfen, jetzt versuche ich, oft gute Musik zu hören, spazieren zu gehen und mich nicht ständig zu überfordern." Dieser anonyme Brief ist sehr einfühlsam geschrieben und hilfreich für mich. Er macht Mut, ohne die Realität aus den Augen zu verlieren und Patentrezepte zu versprechen. Alles in allem bin ich mit der Resonanz meines Inserats zufrieden und habe das Gefühl, etwas bewegt zu haben, was mich wieder ein kleines bisschen weiterbringt.

Zwei Wochen später mache ich erneut eine Erfahrung, die ich der Süddeutschen Zeitung zu verdanken habe. In der Rubrik „Verschiedenes" lese ich: „Biete Hilfe bei Panikattacken. Chiffre ..." Diese Chance will ich mir nicht entgehen lassen und schreibe sofort einen kurzen Brief, in dem ich meine Befindlichkeiten schildere. Erst vier Wochen später erreicht mich die handschriftliche (!) Antwort. „Ich habe so viele Zuschriften bekommen, dass es eine Zeit gedauert hat, bis ich Ihnen antworten kann. Bitte haben Sie Verständnis dafür, dass ich Ihnen meinen Rat und meine Unterstützung erst geben kann, wenn Sie mir einen Teil der Anzeigenkosten erstatten. Dann können wir uns gerne in einem Café zu einem Gespräch treffen …" Ich lese den Brief zweimal. Ja, diese Frau will Geld von mir und all den anderen, die ihr geschrieben haben. Angeblich, um die maximal fünfzig Mark an Kosten rauszubekommen. Es ist nicht zu fassen. Selbstverständlich würde man, in einem persönlichen Gespräch von ihr darauf angesprochen, etwas Geld für was auch immer geben. Ich als Betroffene tue auf jeden Fall (fast) alles, damit es mir besser geht. Ich bin zutiefst empört ob dieser Geschäftemacherei. Auch mit der Not der Menschen kann man immer wieder irgendwie Geld machen. Unfassbar.

Immer wieder quält mich die Frage, warum es gerade mich erwischt hat. Nicht einmal meinem ärgsten Feind wünsche ich diese Zustände. Es ist einfach unbeschreiblich, wenn die Angst langsam in mir hochkriecht, mich einnimmt und besetzt, mein Ich unterwandert und ich zu einem hilflosen Wesen werde. Nicht mehr Herr meiner selbst bin. „Sei lieb zu dir. Nimm dich so an, wie du bist. Akzeptiere deine Schwächen. Du musst dir Zeit lassen, Verletzungen und Verdrängungen von 32 Jahren kann man nicht so ohne Weiteres aufarbeiten." Solche und ähnliche Ratschläge höre ich immer wieder. Bei einigen Menschen spüre ich aber die Unsicherheit und die Abwehr. Manchmal auch die Angst, mit mir über meine Situation zu sprechen. Bei meiner besten Freundin aus Studienzeiten beispielsweise. Ich spüre, dass sie mich nicht verstehen kann, meint, dass ich übertreibe, mich anstelle, dramatisiere. Das tut weh. Aber ich muss es eben in dieser Ausnahmesituation akzeptieren. Mir fällt es schwer, zu alltäglichen Themen überzugehen. Das Merkwürdige ist: Sobald ich darüber spreche, geht es mir auch immer besser.

„Wie wenig ist am Ende der Lebensbahn daran gelegen, was wir erlebten, und wie unendlich viel, was wir daraus machten."

Wilhelm von Humboldt

Reiki, Homöopathie und die Suche nach dem Candida albicans

Irgendwann bin ich mir plötzlich ganz sicher, dass ich wieder neues Terrain, jenseits konventioneller Methoden, betreten muss. Nur das bringt mich auf meiner ganz persönlichen Forschungsreise weiter. Meine Nachbarin Lore macht mich auf Reiki aufmerksam. Eine Praktik, bei der Energieströme eine wesentliche Rolle spielen. Auf Empfehlung meiner Therapeutin fahre ich zu Frau B., einer Reiki-Meisterin. Ich bin ganz schön aufgeregt, weil ich nicht weiß, was mich erwartet. Ob es mir danach besser geht? Ist Reiki des Rätsels Lösung? Ich lasse mich überraschen. Eine knappe Stunde kostet 80 Mark – aber das ist es mir wert, wenn es mir nur hilft, meine Krise zu bewältigen.

Frau B. fragt, warum ich zu ihr komme. Während sie mir Reiki erklärt, werde ich zunehmend ruhiger: „Hier passiert nichts Übernatürliches. Reiki ist japanisch und heißt universelle Lebensenergie. Diese Heilenergie fließt durch meine Hände und geht dann auf Sie über, und zwar genau dort, wo Sie sie am Nötigsten brauchen. Die Energie ist weder positiv noch negativ. Sie können Sie annehmen oder ablehnen, für oder gegen sich verwenden. Legen Sie sich bitte auf die Behandlungsbank und entspannen Sie sich. Die Sitzung dauert ungefähr eine halbe Stunde." Sie entzündet eine Duftlampe, Meditationsmusik erschallt aus dem Kassettenrekorder. Nach und nach entsteht eine mich entspannende, sehr angenehme Atmosphäre. Ich fühle, wie Frau B. ihre Hände über unterschiedliche Körperpartien legt. Ohne dass sie diese berührt, nehme ich die Kontaktpunkte physisch wahr. Sie strahlen eine gleichmäßige Wärme aus. Nachdem ich Reiki empfangen habe (so heißt das in der Fachsprache), erklärt Frau B., dass einige Bereiche in meinem Körper ganz viel Energie brauchen, deshalb seien sie auch so warm geworden. Meine Nieren – die stehen laut Reiki-Lehre für Verletzungen aus der Kindheit – hätten besonders viel Energie aufgenommen. Und mein Bauch – ein Synonym für Erlebnisse aus der Kindheit – sei total dicht gewesen. Auch mental an mich heranzukommen, habe sie keine Chance gehabt. „Da sind ganz tiefe Verletzungen."

„Ich würde gerne wiederkommen", sage ich spontan. Denn ich will keine Chance auf Besserung meiner Befindlichkeiten auslassen, sei sie auch noch so klein. „Normalerweise nehme ich keine Klienten, die parallel eine andere Therapie machen", so Frau B. zum Abschluss. „Aber ich spreche noch einmal mit Frau Z., ich möchte sie sowieso noch nach einigen Details fragen."

„Wie viele Sitzungen sollten wir denn Ihrer Meinung nach machen?", frage ich – nicht ohne dabei auch an den Kostenfaktor zu denken. „Ich glaube, dass so fünf bis sechs Sitzungen erst mal notwendig sind, um die Energie aufzufüllen. Ich schlage vor, wir sehen uns das nächste Mal in vier Wochen."

Ich bezahle und mache mich mit einem guten Gefühl auf den Weg nach Hause, um Anna Lea bei unserer Nachbarin, ihrer Ersatzoma, abzuholen, die sich freundlicherweise lieb um sie kümmert. Ich bin sicher, dass ich mir auf jeden Fall weiterhin Reiki geben lassen will, bis meine Energien wieder richtig fließen. Nur die finanzielle Seite muss ich heute Abend noch unbedingt mit Harald klären. Aber auch dieses Mal kommt wieder alles anders, als ich geplant hatte. Kurz nach meinen ersten Reiki-Erfahrungen wird mir wieder bewusst, daß meine Therapeutin bald für fünf Wochen in Urlaub fährt. Bei dem Gedanken, dass ich dann ganz allein ohne jegliche Unterstützung bin, reißt es mir erst einmal den Boden unter den Füßen weg. Tränen der Angst schießen mir in die Augen, ich fühle mich verlassen und hilflos wie ein kleines Kind. Und dabei weiß ich vom Kopf her, dass es keinerlei Grund gibt, so zu reagieren, mich verrückt zu machen. Das einzig Positive, dass ich dieser Situation noch abgewinnen kann, ist der Umstand, dass mir klar ist, woher diese Ängste rühren. Der Grund liegt in meiner Kindheit, weil ich so viel allein gelassen und weggeschickt wurde. Verlustängste, welche die kleine Andrea aus Überlebensnotwendigkeit verdrängt hat und die jetzt wieder ans Licht kommen. Allerdings geht es mir deswegen kein bisschen besser.

„Ich werde mit Frau B. sprechen, die Ihnen Reiki gegeben hat. Sicherlich können Sie sich an sie wenden, wenn Sie akut Hilfe brauchen. Aber ich bin überzeugt, dass Sie diese Zeit ganz allein bewältigen können, auch ohne diese Rückversicherung", beruhigt mich Eva Z. Ich fühle mich schon wieder derart klein, ängstlich und hilflos. Und meine Therapeutin fährt fünf Wochen weg. Eine ganze Ewigkeit. Das kann ja heiter werden. Das drückt auf meinen Brustkorb und schnürt mein Herz ein. Unendliche Schwere. Während ich nach Hause fahre, versuche ich krampfhaft, mich abzulenken, denke an unsere kleine Anna-Lea-Maus und spüre, dass ich lächle. Das tut gut. Unendlich gut. Positiv denken – wenn das nur so einfach wäre, wie es sich immer anhört.

Zwei Tage später – es geht mir, wie könnte es anders sein, wieder ziemlich schlecht – rufe ich völlig verzweifelt Frau B. an. Ganz höflich und freundlich sage ich ihr, dass Frau Z. in drei Tagen in Urlaub fährt und noch auf ihren Anruf wartet. Zudem will ich mich noch einmal vergewissern, dass sie im Notfall auch wirklich für mich da ist. „Wann ich wen anrufe, das ist ganz allein meine Sache. Mischen Sie sich da nicht ein", fährt mich Frau B. an. „Ich habe genug um die Ohren, als dass ich mich noch um Sie kümmern könnte. Ich kenne Sie gar nicht, Sie sind nicht meine Klientin. Das geht auf keinen Fall", fährt sie mich so aggressiv und verärgert an, dass ich gleich in Tränen ausbreche: „Entschuldigen Sie, es geht mir so schlecht, dass ich dachte, ich dürfte gegebenenfalls mal bei Ihnen anrufen", schluchze ich unter Tränen, wie ein kleines Kind „Nein, das geht nicht. Auf Wiederhören."

Ich bin fassungslos. Was für eine Abfuhr. Ich kann nicht verstehen, dass mich Frau B. so behandelt. Wie kann man auf der einen

Seite Reiki geben und auf der anderen Seite so gefühlskalt reagieren? Sicherlich muss man sich abgrenzen, aber so? Ich weine hemmungslos. Dann ärgere ich mich über meine Tränen und über Frau B. In guter Verfassung hätte ich in so einem Ton nicht mit mir reden lassen. Ein paar Tage später rufe ich Frau B. noch einmal an, um den vereinbarten Reiki-Termin abzusagen und gebe ihr auch unmissverständlich zu verstehen, dass ich ihr Verhalten unmöglich finde. Unter diesen Umständen ist die Vertrauensbasis nicht gegeben. Ihr ist es auch sehr recht so. In der nächsten Therapiestunde spreche ich darüber noch einmal mit Eva Z. Auch sie kann sich diese krasse und verletzende Reaktion nicht erklären. Was mich wenigstens ein bisschen tröstet. Was hilft es mir, muss ich die Urlaubszeit doch allein und jetzt irgendwie anders überstehen. Nur wie, frage ich mich.

Eines Tages lenkt eine Freundin meine Aufmerksamkeit auf das weite Feld der Homöopathie. Sie weiß von Erfolgen zu berichten und rät mir: „Geh doch mal zu Dr. R. Der ist ein aufgeschlossener, sympathischer Mensch. Ich habe nur gute Erfahrungen mit seiner homöopathischen Behandlung gemacht." Es folgt meine Standardfrage: „Zahlt das die Kasse?"

„Leider nein. Das musst du privat zahlen. Aber nur das erste Gespräch ist teuer, so um die 200 Mark. Die kurzen Beratungen danach kosten dich in der Regel nur noch zwischen 20 und 40 Mark." Ich vereinbare einen Termin bei Dr. R. in seiner Praxis in Bogenhausen. Sie besteht aus einem sehr hohen Raum. Dort streckt sich ein Regal bis zur Decke hinauf, prall gefüllt mit kleinen Fläschchen, die sich nur durch die Aufschrift auf dem Etikett unterscheiden. Darin, so erfahre ich später, befinden sich lauter kleine Kügelchen, die Globuli. Sie enthalten potenzierte Substanzen, mit denen die Homöopathie arbeitet. Dr. R. ist mir auf Anhieb sympathisch. Das Anamnesegespräch dauert über eine Stunde und der Homöopath stellt für mich ungewöhnliche Fragen wie „Trinken Sie den Kaffee mit Zucker oder Milch?", „Haben Sie es lieber warm oder kalt?", „Streiten Sie gerne oder sind Sie eher zurückhaltend?" Doch gerade diese ungewöhnlichen Fragen sind es, die mich ansprechen, und flugs bin ich – mal wieder – recht zuversichtlich. „Das kriegen wir schon in den Griff. Und dann klappt das auch mit dem zweiten Kind", macht Dr. R. mir Mut und gibt mir gleich drei Kügelchen, die ich sofort schlucke. Und drei in einer Cellophanhülle, die ich daheim nur nach seiner Verordnung nehmen soll. Ich bin gespannt, ob und wann ich eine Veränderung bemerke. Oft verschlechtern sich in den ersten Tagen nach Einnahme der Globuli die Symptome, um dann abzuklingen, erklärt er mir abschließend. Nach einer Woche rufe ich wieder an und erkläre, dass ich eigentlich nichts, jedenfalls keine Veränderung feststellen kann. „Nehmen Sie jetzt die restlichen drei Globuli, die ich Ihnen mitgegeben habe", verordnet Dr. R. Nach weiteren zwei Wochen fahre ich nochmals zu ihm in die Praxis. Ich meine, dass es mir etwas besser geht, erhalte noch drei weitere Globuli. Dr. R. ist mit mir zufrieden.

Auch heute gehe ich immer mal wieder, wenn ich ganz verzweifelt bin, zum Homöopathen. Bei Anna Leas Hals-Nasen-Ohren-Krankheiten habe ich Dr. R. auch schon erfolgreich konsultiert. Inwieweit sich meine psychischen Beschwerden tatsächlich dank der Globuli gebessert haben, kann ich ehrlicherweise nicht sagen. Vielleicht war ich dafür nicht konsequent genug.

Irgendwann in diesem Jahr stoße ich im Verlauf meiner Suche noch auf einen Hefepilz, den die Ärzte zwar für eine ganze Reihe von Krankheiten verantwortlich machen, der aber nur durch spezielle Untersuchungen erkannt werden kann: der Candida albicans. Ich habe zwar schon einige organische Ursachen abklären lassen, aber diesen Pilz eben nicht. Sofort schöpfe ich wieder einmal Hoffnung. Vielleicht ist ja meine Darmflora nicht in Ordnung und damit der Verursacher meines ganzen Leids. Bei den Mengen Süßigkeiten, die ich verzehre, würde mich das nicht überraschen.

Denn dieser heimtückische Pilz ernährt sich auch von raffinierten Kohlehydraten wie Zucker und Weißmehl. Ich mache einen Arzt am Goetheplatz ausfindig, dem ich dann beim Erstgespräch von meiner Angst und den oft darauf folgenden Depressionen erzähle. Zugegeben, auf Anhieb ist er mir nicht gerade sympathisch. Er wirkt recht distanziert und kühl, nicht immer bei der Sache. Aber ich will nicht vorschnell urteilen, brav nehme ich das Döschen für die Stuhlprobe mit nach Hause, die ich dann in ein spezielles Labor nach Norddeutschland schicke.

Zwei Wochen später ist das Ergebnis da, ich fahre zur Besprechung zum Arzt.

„Man hat keinen Hefepilz bei Ihnen gefunden. Aber ..." – doch da höre ich schon nicht mehr richtig zu. Ich sacke lautlos in mich zusammen. Wieder ist meine Hoffnung auf eine Lösung wie eine Seifenblase zerplatzt. Was der Arzt weiter sagt und im Hinblick auf andere Mangelerscheinungen rät, das interessiert mich nicht mehr. Ich höre nur noch „... das dauert schon einige Zeit und das müssen Sie privat bezahlen". Doch da bin ich im Geiste schon längst auf dem Heimweg. „Ich werde es mir mal durch den Kopf gehen lassen", verabschiede ich mich. Das nächste Kapitel ist abgehakt. Vielleicht ist das auch gut so, tröste ich mich selbst. Sonst hätte ich gar strenge Diät machen und ganz auf Süßigkeiten verzichten müssen. So hat jedes Ding eben zwei Seiten.

„Mit der Wahrheit zu leben heißt, die Angst zu bejahen."

Jean-Paul Sartre

Immer wieder Niederlagen

Das Jahr geht dahin. Ich laviere mich so durch die Zeiten, lebe vom einen Tag auf den anderen. Zwischendurch erfahre ich aber auch recht gute Phasen, in denen ich fast vergesse, welche Höllen ich schon durchwandert habe. Dann bin ich voller Hoffnung und Zuversicht, fühle mich stark und sicher. In diesen Phasen liebe ich es, zu leben, ja, dann liebe ich das Leben.

Immer wieder kommt so ein Tag, den ich dann als „nicht gerade mein Tag" bezeichne. Es beginnt stets gleich. Irgendetwas beschleicht mich. Nichts Dramatisches. Eher ein ungutes Gefühl, das mich aufhorchen lässt. Aber warum sucht es mich immer wieder heim? Wieso gerade mich? Hektisch durchforste ich dann die Gegenwart nach einer Ursache, nach einem Auslöser, den ich für meinen Zustand verantwortlich machen könnte. Aber alles Grübeln bringt nichts, ich finde nichts Auffälliges. Hinzu kommt noch der Sommer, der mir mit seinen hohen Temperaturen wieder mächtig zu schaffen macht. Die Hitze vertrage ich immer weniger, allein schon der Gedanke daran scheint mich zu lähmen. Ich war zwar noch nie eine Sonnenanbeterin, aber jetzt lasse ich schon morgens die Jalousien herunter, sitze viel im Dunkeln und bin froh, wenn es abends ein wenig kühler wird. Ich leide unter diesen Temperaturen, fühle mich eingeengt und eingeschränkt. Anna Lea gegenüber bin ich dann oft grundlos aggressiv. Schon die kleinste Nörgelei von ihr regt mich auf. Mein Nervenkostüm ist so dünn, dass ich ganz schnell überreagiere. Das tut mir anschließend zwar sehr Leid, doch dafür es ist dann schon zu spät. Außerdem kann und will ich mich nicht ständig bei Anna Lea für mein Verhalten entschuldigen, kann ihr höchstens erklären, dass es mir nicht gut geht.

Szenenwechsel. Oktoberfest in München. Ich fühle mich gut und möchte mal wieder dorthin gehen. Harald findet es schon bemerkenswert, dass ich überhaupt den Wunsch äußere. Nicht, dass er gerne aufs Oktoberfest geht. Im Gegenteil. Dennoch unterstützt er mich. Aber was treibt mich? Will ich mich testen? Also los geht's. Schon in der U-Bahn wird es brenzlig. Als wir auf dem Festplatz stehen und sofort eingeschlossen sind in dieser Menschenmenge, da ist alles vorbei und kein Halten mehr. Wie vom Blitz getroffen kehre ich um. Harald mit. Zielstrebig führt er mich aus der Menge heraus. Ich atme erst auf, als wir den Rummel hinter uns gelassen haben – endlich. Aber dieses Gefühl von wiedergewonnener Freiheit ist nur von kurzer Dauer. Sofort befällt mich Enttäuschung, es nicht geschafft zu haben. Ich reagiere frustriert und traurig. Wieder einmal habe ich versagt, die Probe nicht bestanden. Anstatt meine Reaktion zu akzeptieren und wenigstens den Versuch positiv zu bewerten, mache ich mich so richtig fertig: „Ich bin schon Klasse. Nicht mal aufs Oktoberfest kann man mit mir gehen. Ich bin es endgültig leid. So will ich nicht mehr leben", schimpfe ich vor mich hin. Fürs Kino ist es jetzt auch zu spät, der Babysitter bezahlt, wieder ein Abend hin. Was sollen wir denn jetzt schon zu Hause? Wir landen schließlich in einem Straßencafé. Es gibt nicht viel zu reden. Ich bin bedrückt und still, auch Harald hängt seinen Gedanken nach.

Aber ich gebe nicht auf. Noch nicht. Ich werde weiterkämpfen. Und freue mich auf den gemeinsamen Urlaub. Ein paar Tage später, am 1. Oktober, fliegen Harald, Anna Lea und ich nach Ibiza in einen Club. Wir wollen uns einfach mal eine Woche verwöhnen lassen und die Insel zu dieser Jahreszeit genießen. Außerdem können wir dann dort auch meinen Geburtstag feiern. Schon bei der Ankunft bin ich enttäuscht. Das Appartement ist so klein und hellhörig, abends müssen wir flüstern, damit Anna Lea nicht aufwacht. Dann die Massen, die zu den Mahlzeiten strömen. Wie die Fütterung der Raubtiere. Alle stürzen sich auf das Büffett, die vielen Kinder schreien, abends Disco mit Animation – oh je, das liegt mir alles überhaupt nicht. Ich will auch nicht den ganzen Tag am Pool sitzen oder liegen und mich von der Sonne bräunen lassen. Schon am ersten Tag steht für mich fest: nie wieder Cluburlaub.

Interessanterweise sagt Anna Lea von Anfang an immer wieder „Hause, will nach Hause". Ob sie meine Abwehr spürt? Oder sitzt ihr die Reise noch in den Knochen, macht ihr das veränderte Klima zu schaffen?

Der große Tag – mein Geburtstag. Harald hat ein tolles Parfum mitgebracht, eine kleine Kerze angezündet und auch Anna Lea gibt mir ein kleines Präsent. Irgendwie merkt sie, dass es ein besonderer Tag ist, freut sich über die kleine Kerze. Später fahren wir mit dem Taxi zum Bummeln in einen kleinen Nachbarort: Es ist früher Nachmittag, die Straßen sind noch ziemlich leer. Mir kommt es so vor, als ob die Sonne sticht. Unangenehm. Am liebsten wäre ich ganz im Schatten. Wir gehen spazieren, machen Rast in einem Café am Strand. Plötzlich fängt mein Herz zu rasen an. Angst kriecht hoch. Mir wird ganz eng. Ich habe Angst umzufallen, Sterbensangst. „Harald, lass uns sofort zur Anlage zurückfahren", bitte ich eindringlich.

„Aber wir sind doch gerade erst angekommen. Was ist los?", will er wissen.

„Mir ist nicht so gut", lautet meine ihm bekannte Umschreibung für meine Angstzustände. Aber Harald kann es nicht glauben, fragt noch einmal nach. Ich insistiere und wir fahren mit dem Taxi zurück. „Ich bin kurz vor einer Panikattacke. Es tut mir Leid, dass ich alles versaue."

„Jetzt komm erst einmal zur Ruhe. Du hast doch bei Frau Z. gelernt, was du in so einer Situation machen sollst. Komm, wir gehen jetzt in unser Appartement."

Meine Nerven liegen bloß. Ich bin total unruhig, habe Angst, dass ich gleich durchdrehe. Harald geht mit Anna Lea auf den Spielplatz. Ich liege reglos auf dem Bett, kann einfach nicht glauben, was da mit mir passiert und verstehe nicht warum. Sicher, ich bin ein wenig enttäuscht, dass keiner aus der Familie an meinem Geburtstag anruft oder ein Fax schickt, obwohl ich doch einigen Freunden extra die Clubnummer gegeben hatte. Sicher, ich finde die Anlage nicht so toll. Sicher, es ist mir auch fast schon zu warm mit den rund 25 Grad. Aber sind das Gründe, um eine Panikattacke auszulösen? Nein, sicher nicht. Jeder halbwegs vernünftige Mensch würde diese Tage hier genießen. Ich kann es nicht. Beim bestem Willen nicht. Irgendwas in mir wühlt mich auf. Es wird auch immer schlimmer und als Harald und Anna Lea zurückkommen, weine ich nur noch vor mich hin, schließe unsere Tochter ganz fest in die Arme, die ziemlich verunsichert wirkt. Harald erklärt ihr, dass es mir nicht so gut geht, dass es aber sicher bald besser wird.

Die Nacht ist der reinste Horrortrip für mich. Immer diese Angst vor der Angst. Sie frisst mich auf. Was passiert, wenn ich hier abdrehe? Wo komme ich hin? Was soll nur werden? Und Anna Lea? Fragen über Fragen quälen mich. Körper und Seele sind ruhelos, peinigen mich ohne Unterlass. Ich weine leise vor mich hin. Das nimmt ein wenig den Druck, erleichtert ein bisschen. Am nächsten Morgen macht Harald gleich die für uns zuständige Reiseleiterin ausfindig und erklärt ihr, dass wir zurückfliegen müssen. „Das ist ein Problem. Alle Flüge sind ausgebucht. Kann Ihre Frau nicht hier zum Arzt gehen? Ich habe schon Schwierigkeiten, einen Mann nach Deutschland zurückfliegen zu lassen, dessen Frau vor zwei Tagen hier gestorben ist."

Sie verspricht, die Lage noch einmal zu checken und sich nachmittags zu melden. Ich bin total nervös, kann nichts essen, will nur auf dem Bett liegen und warten, bis die Zeit vergeht. Dann fange ich an, mir einzureden, dass wir wohl noch ein paar Tage bleiben könnten. Aber es geht beim besten Willen nicht. Ich muss weg, sonst drehe ich durch. Nach langem Hin und Her haben wir für zwei Tage später einen Flug über Madrid nach München. Erster Klasse. Aber auch das ist mir egal. Wir buchen. Zum Glück habe ich eine Reiserücktrittversicherung abgeschlossen, so dass wenigstens ein Teil der Kosten erstattet wird. Trotzdem sind das mit Abstand die vier teuersten Tage unseres bisherigen Lebens gewesen. Von da an geht es mir auf Ibiza schlagartig besser. Unfassbar. Harald muss denken, dass ich Theater mache, nur meinen Willen durchsetzen will. Und ich kann mich mal wieder selber überhaupt nicht begreifen. Bin entsetzt über mich. Was soll das alles? Was will es mir sagen? Ich wundere mich immer wieder, dass Harald so gelassen reagiert, mich nicht anschreit oder total sauer ist, mir Vorwürfe macht. Und ich denke, dass ich in seiner Situation nicht damit klarkommen könnte.

Zu Hause in München erzählen wir, dass Anna Lea erkrankt ist – auch nicht gerade plausibel, aber was sonst sollen wir sagen, wie unsere frühzeitige Rückkehr erklären? Zumal wir selbst die Wahrheit kaum begreifen, wie könnte das dann jemand anderes tun. Gleich nach unserer Ankunft rufe ich meine Therapeutin an. Sie hat abends um 18 Uhr noch einen Termin für mich frei. Gott sei Dank. Vielleicht kann sie mir helfen, diese Situation ein wenig zu entschärfen, damit ich mich nicht mehr ganz so mies fühle. Nach der Stunde bei ihr geht es mir zwar besser, verstehen kann ich mich allerdings trotzdem nicht. Die Angst vor der Angst hat mich im Griff. Überall, wo ich hingehe, beobachte ich mich genau, überlege, wie ich im Fall der Fälle fliehen könnte. Es ist einfach schrecklich. Selbst bei guten Freunden kann ich mich nicht ausruhen, mein Hals ist wie zugeschnürt, ich fühle mich wie auf einem Pulverfass und mein ganzer Körper signalisiert mir permanent „Alarm".

Bald ändert sich mein äußeres Leben. Anna Lea hat einen Platz in einer städtischen Kinderkrippe bekommen und fühlt sich nach der zweiwöchigen Eingewöhnungszeit pudelwohl im Kreise der Kinder und Betreuer. Eva Z. hat mich auf diese Möglichkeit gebracht, damit ich mehr Raum für mich habe und das Einzelkind Anna Lea mit anderen Kindern zusammen ist. Anfangs habe ich Schuldgefühle. Bin ich eine Rabenmutter? Niemand aus unserem

Freundes- und Bekanntenkreis gibt sein Kind weg. Das lassen mich einige auch deutlich spüren. Und ich sehe mich in der Situation, dass ich mich rechtfertige und bestehende Vorurteile gegenüber Kinderkrippen abzubauen versuche. Harald bestärkt mich darin. Er steht voll und ganz hinter mir. Das ist gut zu wissen.

Ende des Jahres schlage ich noch ein weiteres wichtiges Kapitel für mich auf: Gruppentherapie. Eva Z. hat mir angeboten, neben der Einzeltherapie einmal wöchentlich mit anderen Klienten unter ihrer Leitung zusammenzukommen: mittwochs von 19.30 bis 21 Uhr. Auch diese Gelegenheit will ich wahrnehmen. Nur kann ich nicht selber dorthin fahren, denn momentan habe ich auch vorm Autofahren in der Dunkelheit Angst. Aber es ergibt sich die Möglichkeit, dass mich eine andere Teilnehmerin mitnimmt und wir uns die Kosten teilen.

Ich bin ziemlich aufgeregt, als ich den Therapieraum betrete. Alle mustern sich auffällig unauffällig. Jeder scheint zu denken „Warum ist die oder der denn hier in der Gruppe?" Als Frau Z. die Tür schließt, verspüre ich sofort Fluchtgedanken. Ich möchte aufstehen und rauslaufen, fühle mich gefangen, Tränen steigen in meine Augen. Angst macht sich breit. Worauf habe ich mich eingelassen? Welche Verletzungen muss ich hier in Kauf nehmen? Ich fühle mich wie ein kleines Kind, das nach Hause zu seiner Mama möchte.

Die Zeit in der Gruppe ist hart. Mit Eva Z. sind wir zehn Personen. Wir duzen uns alle, einschließlich Eva, das erleichtert die Kommunikation, entspannt die Atmosphäre ein wenig. Unterschiedliche Probleme, unterschiedliche Charaktere – es ist nicht einfach, Vertrauen aufzubauen, eine Gruppe zu werden. Nicht alle sind offen und bereit, über ihre Schwierigkeiten zu sprechen. Andere verweisen immer wieder auf Nebenschauplätze. Wer offen und gesprächsbereit ist, der kann in diesen anderthalb Stunden einiges über sich erfahren. Wer sagt einem schon offen ins Gesicht, dass man sich gerade arrogant verhalten hat? Dass die Äußerung verletzend ist oder einen indirekten Vorwurf enthält? Ehrlichkeit ist angesagt. Ehrlichkeit, die weh tut, nachdenklich macht, aufrüttelt. Ich lerne einiges über mich: wie ich auf andere wirke (obwohl ich mich gar nicht so fühle), wie ich auf Kritik reagiere und und und. Da jeder Einzelne ein Feedback erhält – entweder von einem Teilnehmer oder von Eva –, kann man ganz praxisbezogen arbeiten. In dieser Phase bin ich oft sehr verletzlich, breche in der Gruppe in Weinkrämpfe aus. „Du hast doch gar keinen Grund zum Weinen. Dramatisiere doch nicht so. Ich verstehe einfach nicht, was du hast." Solche und weitere Erklärungen des Unverständnisses muss ich mir des Öfteren anhören. Dann sacke ich förmlich in mich zusammen. Denn ich finde ja auch, dass es mir eigentlich gut gehen könnte. Oder sollte etwa meine Ehe nicht stimmen? Habe ich da ein gravierendes Problem übersehen? Passen wir vielleicht doch nicht zusammen? Harald reagiert ziemlich ärgerlich auf diesen Aspekt. „Jetzt lass dir doch nicht unsere Beziehung kaputt reden. Meine Güte, langsam reicht es mir. Kann man nicht mal einfach leben?"

Ein paarmal gehen wir beide zusammen zu Eva. Unsere Beziehung ist momentan arg strapaziert. Künstlich, wie Harald meint. Ich weiß es nicht. Ich will nur wieder leben. Was immer mich auch so gefangen hält, ich will es loswerden. Und dafür bin ich bereit, überall hinzugucken. Es ist eine schwere Zeit. In der Gruppe fühle ich mich oft unverstanden. Einmal bin ich so getroffen, dass ich wütend aufstehe und mit dem Taxi nach Hause fahre. Mir reicht's. Sollen die doch alleine weitermachen. Nicht einmal die fünfzig Mark Taxikosten ärgern mich. Typisch Andrea, heißt es dann. Immer davonlaufen, nichts aushalten. In der nächsten Woche fahre ich doch wieder hin, es hagelt Kritik an meinem Verhalten. „Du musst lernen, dich den Konflikten zu stellen, sie auszuhalten und Lösungen zu finden. Es gibt nicht nur Schwarz oder Weiß. Unmöglich, dass du einfach abhaust. Wir haben uns Sorgen um dich gemacht." Das ist mir egal. Ich bin eben spontan, das hat auch seine Vorteile, denke ich bockig. Aber mir wird bewusst, dass Weglaufen schon immer zu meinen Strategien gehört. Wieder was dazugelernt. Insgesamt bleibe ich ein halbes Jahr bei der Gruppe, höre dann aber von heute auf morgen auf. Ich habe Erfahrungen gemacht, die ich nicht missen möchte und die für meine Entwicklung wichtig sind. Erfahrungen, die man nirgendwo anders als in der besonderen Situation einer Gruppentherapie machen kann. Aber an meinen Ängsten und Depressionen hat sich meines Erachtens nicht viel geändert. Weiter geht's.

Das dritte Jahr: Jede Erfahrung bringt mich weiter

„Wie der Tod nicht aufhört zu existieren, wenn wir nicht an ihn denken, so auch nicht die Angst."   Fritz Riemann

Streicheleinheiten für Körper und Seele

Mir geht es gut, richtig gut. Ich habe wieder Energie. Lust auf dies und das. Kurz: Spaß am Leben. Manchmal liegen meine Nerven zwar noch bloß, aber wie schön, dass das Leben wieder Spaß macht. An einem wunderschönen Sonntag machen Harald, Anna Lea und ich im Nymphenburger Park einen Spaziergang. Ich gehe ein Stück voraus, drehe mich um und sehe, dass meine Tochter auf mich zuläuft. Intuitiv bücke ich mich, um sie fest in die Arme zu schließen und hochzuheben. Krchz! Ich kann mich kaum noch bewegen, mein Rücken ist ein einziger Schmerz. Wärmflasche, Rotlichtbestrahlung und ABC-Salbe bringen mir etwas Linderung, aber eigentlich tut immer noch jede Bewegung weh. Ich bin total schief und krumm. Wie gut, dass Wochenende ist und Harald Anna Lea versorgen kann. Am nächsten Morgen fährt er mich zum Orthopäden: Es ist eine Vorstufe zum Bandscheibenvorfall. Krankengymnastik steht auf dem Programm. Das alles ist für mich nichts Neues. Ich neige schnell zu psychosomatischen Beschwerden, mein Rücken ist eine Schwachstelle. Ich habe das Gott sei dank in den letzten Jahren erkannt und laufe nicht gleich bei jedem Wehwehchen zum Arzt.

„Warten Sie immer erst ein halbes Jahr. Wenn die Beschwerden dann noch andauern, sollten Sie einen Arzt aufsuchen", riet mir bereits vor Jahren ein Arzt am Uniklinikum Münster.

Jetzt muss ich erst einmal eine gute Krankengymnastin ausfindig machen. Nachbarin Lore ist auf diesem Gebiet sehr bewandert und empfiehlt mir eine Praxis in Haar, wo ich prompt einen Termin bekomme. Frau E. arbeitet nach der Maitland-Methode aus dem Bereich der manuellen Therapie: Sie behandelt je nach Befund schmerzhafte oder steife Gelenke, lockert die Muskulatur und leitet mich zu Übungen an. Dadurch lösen sich auch Muskelblockaden. Wer „eine große Last auf seinen Schultern" trägt, neigt sicherlich schneller zu Verspannungen und Verhärtungen, als jemand, der leicht durchs Leben geht und zudem vielleicht noch Sport treibt. Aber nicht bei jedem, der Rückenschmerzen hat, haben die Beschwerden psychosomatische Ursachen. Ich beispielsweise sitze viel am Schreibtisch und am PC. Deshalb weiß ich auch nie genau, ob mein Rücken schmerzt, weil er einfach verspannt ist – das wäre mir am liebsten – oder weil er Spiegel meiner Seele ist. Wahrscheinlich kommt beides zusammen. Die Behandlungen bei Frau E. sind schmerzhaft und entspannend zugleich, ich spüre so eine Art von „Wohlweh", wie Frau E. es treffend bezeichnet. Nach den Anwendungen geht es mir jedenfalls immer besser – wesentlich.

Im Laufe der Zeit bin ich immer wieder Patientin in der Krankengymnastikpraxis: Mal habe ich schlimme Kopfschmerzen, dann wieder ist der ganze Rücken verhärtet oder das Kreuzbein schmerzt. Bei Angstzuständen sind die Muskeln angespannt, der Organismus ist zu allem bereit, zu Kampf oder Flucht. Ohne Bewegung bleibt das so und kann zu chronischen Verspannungen führen. Der Körper fordert eben sein Recht. Damit ich körpergerechter sitze, kaufe ich bei Frau E. zwei Keilkissen. Sie helfen mir, meine Sitzposition zu verbessern. Nachts schlafe ich abwechselnd auf einem Federkopfkissen und einem Nackenkissen, was ich als sehr entlastend für meine Wirbelsäule empfinde. Aber ich weiß, dass ich auch sportlich etwas tun muss und bin froh, als Lore auf mich zukommt: „Komm doch montags vormittags mit mir zum Qi Gong. Da ist gerade ein Platz frei geworden, und dann fängt die Woche gleich dynamisch an." Qi Gong, das sind altchinesische Übungen für Gesundheit und Vitalität, die den Energiekreislauf aktivieren und Blockaden beseitigen, erklärt sie mir. Das hört sich ja gut an. Nicht so intensiv wie Aerobic oder Konditionsgymnastik. Klingt eher nach Bewegung auf die sanfte Art. Kann ich? Soll ich? Anna Lea ist in der Kinderkrippe, ich hätte also Zeit, eigentlich könnte ich mitgehen. Schließlich haben Dr. B. und Eva Z. mir geraten, ich solle was für mich tun, etwas, was Spaß macht und mir gut tut. Es ist ein kleiner Kreis. Zehn Personen zwischen dreißig und siebzig Jahren. Sie treffen sich wöchentlich. Die Atmosphäre ist sehr persönlich und locker. Jetzt erst merke ich, wie verspannt und angespannt ich bin, dass ich überhaupt kein Gefühl für meinen Körper habe. Er ist total steif. Dennoch fällt es mir manchmal schwer, zu diesen Treffen zu fahren. Dann möchte ich am liebsten fliehen, bin sehr traurig und habe einen Kloß im Hals. Aber ich mache fast immer mit, denn andernfalls verurteile ich mich für meine Schwäche, und das wiegt noch schwerer. Aber warum fühle ich mich in dieser angenehmen Atmosphäre so schlecht? Warum nur?

An einem Vormittag im Februar mache ich ein paar Besorgungen in unserem nahe gelegenen Einkaufszentrum. Der Zufall will es, dass in der Buchhandlung gerade esoterische Bücher beworben werden. Und für dreißig Mark kann man auch eine Aurafotografie machen lassen. Mittels Handsensoren wird das gesamte energetische Schwingungspotential gemessen, das identisch ist mit unterschiedlichen Farbfrequenzen. Diese Informationen werden auf einem Sofortfilm als realistisches, farbig strahlendes Aurafeld um den Körper sichtbar gemacht. Zunächst bin ich skeptisch: Was mache ich, wenn da ein ganz schlechtes Ergebnis herauskommt? Aber ich traue mich dann doch. Meine vorherrschende Farbe ist Gelb. „Es zeigt mentale Fähigkeiten, Organisationstalent, Beschäftigung mit Bildung. Es ist etwas trübe, das deutet auf Anstrengungen hin, auf Umbruchprozesse", so die Auraberaterin. Glück gehabt. Nichts passiert, denke ich beim Verlassen des Geschäfts. Zu Hause hänge ich mir meine Aurafotografie an die Wand überm

Schreibtisch. Umbruchprozesse – ja, das kann man wohl sagen. Doch was hat es gebracht? Als Anna Lea nachmittags in meinem Zimmer steht, sieht sie das Foto und erkennt mich sofort. Wenigstens etwas.

Weiter geht's. Schon Ende letzten Jahres habe ich mich mit meiner Freundin Ulrike an einem Wochenende für ein Atemseminar angemeldet. Vielleicht verschaffen sich dann ja meine Urängste endlich Luft? Oder ich lerne spezielle Techniken, um bei Panikattacken eher zur Ruhe zu kommen? Oder ich kann mich einfach richtig toll entspannen. An dem Samstagmorgen kommt es mir in den Sinn, einfach nicht dorthin zu fahren – ich bin irgendwie unruhig, habe Angst vor der Angst. Viel lieber würde ich zu Hause bleiben, warum soll ich mich überhaupt aufraffen? Aber das kann ich Ulrike nicht antun, schließlich muss sie mehr als fünfzig Kilometer anreisen. Zu Beginn bin ich nervös – und als jede der sechs Teilnehmerinnen sich vorstellt und kurz skizziert, warum sie an dem Seminar teilnimmt, merke ich, wie Angst und Fluchtgedanken in mir aufkommen. Ich bin es nicht mehr gewohnt, mich einfach ganz selbstverständlich wie früher in neue Situationen zu begeben. Das empfinde ich schon als großes Manko. Mit der Zeit geht es mir besser, obwohl mich das Seminar überhaupt nicht anspricht. Die Kursleiterin ist von Beruf Hebamme und macht eher Übungen zur Geburtsvor- und -nachbereitung. Das wird auch von anderen Kursteilnehmern kritisch angemerkt, bleibt aber ohne Resonanz. Nachmittags sind wir nur noch zu viert. Am nächsten Tag bleibe ich zu Hause. Schade um das Wochenende, denke ich. Das hat wirklich nichts gebracht.

Immer wieder rät mir meine Therapeutin, doch Tagebuch zu schreiben. Also kaufe ich von Louise L. Hay „Ein Garten aus Gedanken. Mein Affirmationstagebuch." Es ist ganz liebevoll gestaltet, auf jeder Seite mit einer Affirmation wie beispielsweise „Ich öffne mich neuen Ideen und Horizonten." Oder: „Alles, was meine Führung mich anleitet zu tun, wird ein Erfolg. Ich lerne aus jeder Erfahrung. Mein Weg führt mich Schritt um Schritt zu immer größeren Erfolgen. Auch das Heute ist ein Schritt zu neuem Gewahrsein und größerer Herrlichkeit." Manchmal tut es wirklich gut, diese Sätze einfach zu lesen. Es ist wie Balsam auf eine wunde Seele. Auch das Schreiben erleichtert. Oft geht es mir schon währenddessen besser. „Es geht mir richtig gut. Auch die Gruppentherapie bringt was – ich lerne und fühle mich dabei gut. Das ist schön", notiere ich. Und schon sechs Tage später: „Heute ein Crash. Habe mich mal wieder überfordert: viel Arbeit, Besuch, putzen, Gruppe. Habe viel geweint, bin aufgewühlt. Ich werde Prioritäten setzen müssen. Anna Lea ist wichtig. Warum bin ich immer so schnell so hart gegen mich, verzeihe mir nur schwer?"

Ich habe wieder eine schwere Zeit. Körperlich bin ich ziemlich erschöpft, habe das Gefühl, dass meine Nerven wieder einmal bloß liegen. Anna Lea gegenüber bin ich gereizt, sie nervt mich. Das wiederum macht mich traurig. Sie kann nun wirklich nichts dafür. Wenn sie dann nach Harald ruft, wird mir noch bewusster, wie ungerecht ich ihr gegenüber manchmal bin. Aber meine Batterie ist mal wieder alle. Auch Haralds Kräfte gehen zur Neige, wir streiten uns oft. Eines Tages erinnere ich mich an die Zuschriften auf mein Zeitungsinserat und an die Literaturempfehlung „Gerda Boyesen: Über den Körper die Seele heilen". Wenn die Schreiberin damit Erfolg hat, kann es ja bei mir auch klappen. Schnell bin ich wieder aktiv, besorge mir das Buch und fange an zu lesen. „Speziell bei Patienten mit Angstneurosen erzielten wir sehr rasche Heilerfolge", lese ich überglücklich. „Der Körper verkapselt die Gefühle durch Verfestigung und Aufrechterhaltung einer chronischen Kontraktion der Muskeln." Gerda Boyesen beschreibt die Methoden, die sie entwickelt hat und die Spannungen und Verhärtungen in jedem Organismus zum Schmelzen bringen können. Ich bin fast euphorisch. Lese das Buch gar nicht bis zum Ende, die ersten hundert Seiten reichen aus, dass ich am liebsten sofort biodynamische Massagen nach Gerda Boyesen ausprobieren möchte. Über den Adressenanhang mache ich eine Therapeutin in München ausfindig und vereinbare einen Termin. 130 Mark für eine Stunde, da muss ich kurz schlucken. Die Kasse zahlt nichts, alles privat. Aber gegen diesen Leidensdruck ist mal wieder nichts zu teuer. Ich bin wirklich gespannt, was da in Gang kommt.

Recht angespannt und mit einer großen Portion Angst vor der Angst fahre ich ein paar Tage später zu einer kleinen Praxis in Schwabing. Die Therapeutin ist eine Frau Anfang Vierzig. Zu Beginn erzähle ich ihr meine Leidensgeschichte, sie hat auch noch ein paar Fragen und klärt mich ein wenig über die Gerda-Boyesen-Methode auf. Dann lege ich mich auf eine kuschelige Frotteedecke und genieße die Entspannung. Manchmal höre ich Geräusche in meinem Körper. „Ihre Energien sind blockiert, daran arbeiten wir. Was Sie hören, sind Darmgeräusche, so genannte Peristaltikgeräusche. Sie sind Gradmesser für den Gesundheitszustand und setzen Energien frei", erklärt Frau Sch. So ganz habe ich das nicht verstanden, aber eigentlich kann es mir ja auch egal sein, denke ich spontan und versuche wieder, mich zu entspannen. „Wann merke ich denn endlich etwas?", frage ich ungeduldig am Ende der Sitzung. „Das ist ganz unterschiedlich. Der eine merkt ziemlich bald eine Veränderung, der andere erst später. Beobachten Sie sich mal selbst genau bis zur nächsten Sitzung."

In den nächsten beiden Wochen fahre ich noch zweimal nach Schwabing. Aber eigentlich kann ich gar nicht sagen, ob und vor allem was sich durch diese Behandlung verändert hat und was durch die Therapie bei Eva. Auch soll ich bei Frau Sch. über meine Befindlichkeiten sprechen, damit sie mich gezielter behandeln kann, aber das wird mir zusammen mit den Stunden bei Eva und der Gruppentherapie einfach zu viel. So komme ich nach nur drei Wochen zu dem Schluss, dass jetzt für mich nicht die richtige Zeit für diese Behandlung ist. Man kann eben nicht alles auf einmal machen. Und wenn ich schon für eine Stunde 130 Mark zahle, dann muss ich davon überzeugt sein, dass es Hier und Heute richtig ist. Vielleicht komme ich später mal darauf zurück.

Ostern bin ich mal wieder am Nullpunkt angelangt. Ich habe keine Kraft mehr, diese Feiertage, von früh bis spät mit Anna Lea zusammen zu sein – das alles schafft mich, ich habe keine Freiräume mehr. Wenn ich so erschöpft bin, kommt es mir vor, als hätte ich noch nicht viel gelernt. Seit ein paar Tagen ist mir auch wieder schwindlig. Mein Rezept: Ich raffe mich auf und jogge täglich eine Viertelstunde. Ob das hilft? Es scheint alles so schwer. Zentnerweise liegen wieder Steine auf meiner Brust. Sollte ich doch unter Depressionen leiden? Aber nein, die Angst steht ja im Vordergrund, ich bin kein depressiver Typ. In der Therapie wird mir klar, dass ich in der Kindheit kein Urvertrauen entwickeln konnte – und diese Basis fürs Leben fehlt mir immer wieder. Bin ich vielleicht doch ein hoffnungsloser Fall?

„Wir sind das, wozu wir selber uns machen, nicht wozu das Schicksal uns machen will."   *Emil Coué*

Was in den Sternen steht

Auch dieses Jahr fahren wir wieder nach Sylt. Die lange Autofahrt ist ein Horrortrip für mich, ich bin nervös, total angespannt. Kurz nach der Abfahrt frage ich Harald, ob er auch die Tabletten eingesteckt hat, denn er hatte die Tranquilizer an einem geheimen Ort verwahrt – das wollte ich so, um in Extremsituationen nicht in Versuchung zu kommen. Er hat sie vergessen. Ich bin enttäuscht von ihm, weil ich extra darum gebeten hatte. Für den Notfall eben. Und was mache ich jetzt? Alarmstufe 1 ist angesagt. An der Raststätte Spessart spüre ich wie Panik aufkommt, ich werde fast verrückt. Anna Lea weint, ist müde, kann aber nicht zur Ruhe kommen. Ich kann sie nicht beruhigen, fühle mich wie auf einem Pulverfass. Ich wünsche mir nichts sehnlicher, als wieder nach Hause fahren zu können.

Schnell nehme ich noch fünf Notfalltropfen der Bachblüten. Vielleicht hilft es ein bisschen.

Nach sechs Stunden, abends um 22.15 Uhr, sind wir endlich bei meiner Schwester Brigitte in Münster, wo wir einen Tag bleiben wollen. Ich schlafe dort ganz schlecht, wache gerädert auf und dünnhäutig. „Andrea, was ist los?", fragt Brigitte mich am nächsten Morgen. „Mir geht es nicht so gut", antworte ich. „Mir geht es auch manchmal nicht gut", entgegnet sie ungehalten. Kurz darauf höre ich, wie Brigitte in der Küche zu Harald sagt: „Deine Frau ist ja mit der Kneifzange nicht anzufassen."

Ich bin unendlich traurig, mutlos, hilflos. Ich mache das doch nicht extra – oder etwa doch? Ich fühle mich einsam, bin allen – auch mir selber – nur eine Last. Dabei habe ich mich so auf Münster gefreut: Hier habe ich studiert, Jahre später beim Taxifahren Harald kennen gelernt. Hier wohnen noch Freunde aus der Schulzeit, man kann schön bummeln und den Frühling genießen. Münster City, strahlender Sonnenschein, nach dem Frühstück fahren wir mit Anna Lea in die Stadt – doch schon nach ein paar Minuten wird mir schwindlig. Nach einer halben Stunde bitte ich Harald verzweifelt, dass wir zurück zu meiner Schwester fahren. „Harald, bitte hilf mir!" Ich fühle mich unbeschreiblich elend, kann überhaupt nicht verstehen, warum es mir jetzt so dreckig geht. Mir ist schwindlig, übel, mein Hals ist zugeschnürt, ich habe Angst umzufallen. Dann wird man mich vielleicht hier in eine psychiatrische Anstalt einweisen, geht es mir durch den Kopf. Nein, das will ich nicht. Die Panik steigt, ich will nur noch weg. Harald ist schockiert. Der Urlaub fängt ja gut an.

Ich fühle mich ziemlich unter Druck, vielleicht auch, weil ich denke, dass ich meiner Schwester ein perfektes Kind präsentieren muss. Ich stehe unter Dauerstrom, möchte am liebsten den Kopf in den Sand stecken, weil mir alles zu viel wird. Wie ich mich für diesen Satz hasse „Mir wird das zu viel!" Meine Mutter hat ihn ständig gesagt, immer war ihr alles zu viel – so ist es mir jedenfalls in Erinnerung geblieben.

Am nächsten Tag geht es weiter nach Sylt. Wie schrecklich. Ich mache ein paar Entspannungsübungen im Auto – so gut das eben geht mit einem kleinen Kind an der Seite. Ich muss mich beruhigen, innerlich von dem hohen Erregungsniveau runterkommen. Nach einer heftigen Auseinandersetzung mit Harald ist es in mir leer. Habe ich alles falsch gemacht? Ich denke an Selbstmord, ans Ausziehen aus unserer gemeinsamen Wohnung. Dann wieder hängt eine unsagbare Traurigkeit über mir. Ich bin eben eine Last. Was ist nur aus mir geworden? Anna Lea spürt die Unstimmigkeiten. Natürlich. Sie muss sich ja auch wehren, ihren Schutz suchen. Sie ist mir gegenüber aggressiv, haut und beißt. Will immer zu Harald. Das setzt mich noch mehr ins Aus. Ein Teufelskreis. Sollte ich doch in eine Klinik gehen? Abends ruft meine Mutter an, sie hat geträumt, dass es mir so schlecht geht. Ich schicke Harald und Anna Lea aus dem Zimmer und weine hemmungslos. Vielleicht kann sie mich trösten, mich beruhigen? Wir sind wohl immer noch sehr eng – zu eng – verbunden.

„Ich glaube, du hast das von mir geerbt!" Warum sagt sie das? Oh Schreck, bitte nur das nicht, denke ich sofort. Bilder aus meiner Kindheit ziehen an mir vorüber. Ich will nicht glauben, dass es Depressionen sind und schon gar nicht, dass ich sie geerbt haben könnte.

Dann wieder ein guter Tag. Ich bin locker und gelöst, kann Späße machen und genießen, gehe mit Anna Lea am Strand spazieren. Wir kaufen ein Eis und machen es uns im Strandkorb gemütlich. Wie schön ist es hier. Nachmittags fliegt „es" mich wieder ganz unerwartet an, legt sich wie ein Schleier über mich. Ich habe wenig Hunger, bin ruhiger – das sind meistens die ersten Anzeichen. Abends ruft meine Mutter wieder an, erzählt mir von einem jungen Mädchen aus dem Bekanntenkreis, das sich umgebracht hat. Was will sie mir sagen? Soll ich es auch tun? Sie weiß doch, wie schlecht es mir geht. Die Nachricht trifft mich wie ein Hammerschlag.

Nach unserer Rückkehr in München ruft mich Kristiane an, eine frühere Nachbarin, mit der Harald und ich befreundet sind. Ich erzähle ihr, dass es mir wieder nicht gut geht und ich langsam keinen Rat mehr weiß, da ich schon so vieles ausprobiert habe. Kristiane berät astrologisch, macht Yoga und beschäftigt sich intensiv mit alternativen Heilungsmöglichkeiten. „Andrea, ich wollte dir immer schon einmal davon erzählen. Vielleicht ist es jetzt die richtige Zeit für dich: Nächste Woche ist wieder eine Zusammenkunft der Gemeinschaft von Bruno Gröning. In den fünfziger Jahren machte er von sich reden, als viele Menschen durch ihn geheilt wurden, sogar von unheilbaren Krankheiten. Jeder Mensch kann seinen Heilstrom aufnehmen, wenn er darum bittet, durch Bruno Gröning die Hilfe und Heilung von Gott zu bekommen." Ich sage zu. Selbstverständlich. An dem vereinbarten Abend kommt Harald rechtzeitig nach Hause, damit ich losfahren kann. Kristiane hat mir ihre Begleitung angeboten. Die Zusammenkünfte finden in einem Hotel nahe dem Hauptbahnhof statt. Ungefähr dreißig Menschen sind gekommen, um in der Gemeinschaft Heilung zu erbitten. Ich bin mal wieder hoffnungsvoll, kaufe gleich ein Buch über Bruno Gröning und lese: „In Bruno Gröning tritt uns ein Kraftstrom entgegen, der ihm offensichtlich aus einer höheren Welt zufließt, sich durch die Erschließung innerer Sinne in ihm offenbart und durch ihn auswirkt. Es ist ein Mensch, der über eine den Durchschnitt der gegenwärtigen Menschheit weit überragende Fähigkeit verfügt und in unserer westlichen Welt eine einmalige Erscheinung ist." Wir sitzen hintereinander in Stuhlreihen, vorne ist auf einem Tisch wie auf einem Altar ein großes Bild von Bruno Gröning aufgestellt, eine Kerze brennt. Der Referent gibt ein paar Informationen zu weiteren Terminen und dann Raum für Fragen. Eine Frau erzählt beispielsweise, dass sich ihre Beschwerden verschlimmert haben.

„Häufig treten im Gefolge einer Heilung die alten Schmerzen nochmals verstärkt oder aber sehr heftige neue Schmerzen auf. Gröning nennt sie Regelungsschmerzen. Sie dauern meist nicht lange", so die Erklärung. Kurze Zeit später stellen wir uns alle ein; das heißt, wir sitzen mit geöffneten Händen und nicht überkreuzten Beinen und bitten um die Heilkraft. „Geben Sie Bruno Gröning Ihre Krankheit und Ihre Sorgen. Bitte beobachten Sie Ihren Körper ganz genau, und berichten Sie mir danach bitte, was in ihm vorgegangen ist", fordert der Referent uns auf. Der eine erzählt von einem Kribbeln in den Händen, der andere hat den Heilstrom wie ein Licht gespürt. Eine Frau ist innerlich ganz ruhig geworden, eine andere fühlt sich gelöst.

Zu Hause erzähle ich Harald von dem Abend. Er ist sehr skeptisch. Verständlich, schließlich hat er evangelische Theologie studiert und daher eine andere Sicht der Dinge. „Dann lass uns nicht darüber reden, Harald. Ich will nicht, dass du es mir mies machst. Vielleicht hilft es mir ja", bitte ich ihn. Ich stelle mich nach Möglichkeit, wie viele andere aus der Gemeinschaft auch, abends und morgens jeweils um 9.00 bzw. 21.00 Uhr auf den Heilstrom ein. Außer dem Einführungsbuch habe ich mir auch noch ein Bild von Bruno Gröning gekauft, das ich dann vor mir aufstelle. Eigentlich weiß ich nicht genau, ob ich etwas spüre, aber ich will auch nicht ungeduldig sein und sofort die Flinte ins Korn werfen. Alle in der Gemeinschaft wirken so zuversichtlich und hoffnungsvoll. Sechs Wochen später kommt Harald auf mein Bitten und Drängen mit Kristiane und mir mit zu einem Bruno-Gröning-Abend. Fazit: Für ihn ist alles Scharlatanerie, Geldmacherei. Er macht meine Hoffnungen zunichte, ich habe keinen Strohhalm mehr zum Festklammern. Vielleicht fühle ich intuitiv, dass er Recht hat? Auf jeden Fall schließe ich auch dieses Kapitel.

Irgendwann denke ich daran, die Sterne um Rat zu fragen. Ich schätze Kristiane, habe Vertrauen und bitte sie, mich astrologisch zu beraten. Die erforderlichen Daten – Tag, Ort und genaue Stunde meiner Geburt – habe ich bei meiner Mutter erfragt und dann per Computer die Konstellation der Gestirne zum Zeitpunkt meiner Geburt ausdrucken lassen. Ich schicke Kristiane die Unterlagen für die Beratung. Drei Wochen später das ersehnte Gespräch. Fast drei Stunden reden wir über ihre Studien. Die Ergebnisse überraschen mich eigentlich nicht. Sie bestätigen, was ich bisher in der Gruppen- und Einzeltherapie über mich gelernt habe und durch die Krise auch in mir selbst erforschen konnte. Beispielsweise, dass ich eine Powerfrau bin, aber sehr sensibel, leidenschaftlich, jedoch auch streng und zurückhaltend. Diese Diskrepanzen machen mir oft das Leben schwer. „Dein Bedürfnis nach Verwurzelung ist unerfüllt geblieben. Du hast keine häusliche Geborgenheit erfahren. Körper und Seele sagen jetzt zu Pflichtgefühl, Arbeit und Leistung: Stop. So nicht. Du musst andere Prioritäten setzen. Du musst dich in Harmonie bringen, Leichtigkeit und Heiterkeit lernen, aus der Beschwernis herauswachsen. Dich an der Freude orientieren – nicht an der Pflicht. Und die emotionale Geborgenheit in dir selber finden. Andrea, das Leben ist kein Kampf", erklärt Kristiane mir.

Mir leuchtet alles ein, fast heiter fahre ich nach Hause. Dann kann ich ja doch nicht so ein hoffnungsloser Fall sein, wenn alles so klar auf der Hand liegt. Der einzige Wermutstropfen sind die dreihundert Mark, die mich diese astrologische Beratung kostet. Aber alles hat eben seinen Preis. Zum Glück steigt Harald wegen der ständigen Ausgaben noch nicht auf die Barrikaden.

„Nur wer niemals nachgedacht hat über die tiefsten und wesentlichsten Fragen des Lebens – nur der kann glauben und sagen, alles sei zugänglich dem menschlichen Verstande."

Östliche Weisheit

Der heiße Sommer

Langsam wird es Zeit, dass ich mich um einen Kindergartenplatz für Anna Lea kümmere. Sie ist jetzt zwei Jahre alt. Nächstes Jahr im Sommer ist die Zeit in der Kinderkrippe vorbei, nicht auszudenken, wenn sie dann den ganzen Tag zu Hause wäre. Wer weiß, wie es mir dann geht. Ich muss mich auf jeden Fall absichern. Kindergartenplätze sind knapp. Meine Chancen stehen nicht besonders gut, wenn ich nicht auf meine psychischen Probleme hinweise. Mit dem Zirkel habe ich auf dem Stadtplan einen Radius festgelegt, die Kindergarten-Vormerk-Tour führt mich in fast dreißig Einrichtungen im näheren Umkreis. Ich gebe an, dass ich seit der Geburt psychische Probleme habe und unbedingt eine Betreuung für meine Tochter Anna Lea brauche. Manchmal kommen mir dann auch die Tränen, zum Beispiel in unserem katholischen Kindergarten, wo mir die Leiterin ganz kühl und distanziert antwortet: „Wir haben so viele normale Familien mit zwei, drei Kindern in unserer Gemeinde. Die würden dann ja nie einen Platz bekommen." Ich bin erschüttert über diese „christliche" Antwort, verletzt und gekränkt. Erst einige Monate danach habe ich die Kraft, mich beim Pfarrer schriftlich über diesen Vorfall zu beschweren. Aber der ist nur als Aushilfe in der Gemeinde und gibt mir ein paar Tage später telefonisch die Antwort der Leiterin durch: „Ich kann mich nicht erinnern, aber es kommt öfter vor, dass die Leute weinen, wenn sie keinen Platz bekommen." Ich bin einfach sprachlos.

An einem heißen Sommertag, mir geht es physisch und psychisch besonders schlecht, stelle ich mich in einem anderen katholischen Kindergarten vor, erzähle von meinen Panikattacken.

„Das kenne ich. Ich sehe zu, dass Sie einen Platz bei uns bekommen", so die spontane Reaktion der Leiterin, die mir auch gleich einen Neurologen in der Stadt nennt, der mit Angstpatienten arbeitet. Ich bin richtig erleichtert und dankbar über die unverhoffte, freundliche Unterstützung. Das tut so gut. Außerdem empfiehlt sie mir Literatur von dem Schweizer Psychologen Emil Coué, der davon ausgeht, dass man sich durch Autosuggestion selbst helfen kann. Begierig stürze ich mich auf die Lektüre, immer wieder von der Hoffnung getrieben, ein Stück weiter voranzukommen. Einige Zeit versuche ich, seine Gesetzmäßigkeiten in meinem täglichen Leben anzuwenden. Aber oft fehlt mir die Kraft, meine innere Trauer und Hoffnungslosigkeit sind unendlich groß.

Der Sommer ist einfach nur schrecklich. Ich vertrage die Hitze nicht, sie erdrückt mich. Ich habe Schweißausbrüche, mir ist schwindlig. Früh morgens lüfte ich einmal durch, dann lasse ich alle Jalousien herunter, schließe alle Fenster und bleibe den ganzen Tag über in den dunklen Räumen. Die Termine in meinem Kalender kann ich nur mit größter Mühe wahrnehmen. Nachbarn und Freunde schwärmen von dem Jahrhundertsommer, veranstalten Grillabende an der Isar, Picknicks auf Feldwiesen und Ausflüge ins Schwimmbad. Bei mir gibt es keinen einzigen Gedanken an Freibad oder Badesee, Picknick oder Sonnenbaden. Und wenn, dann allenfalls mit Grauen. Ich sehne die Mittagspause herbei, wenn ich Anna Lea in der brütenden Hitze noch vor dem Schlafen aus der Kinderkrippe hole, damit wir uns zu Hause hinlegen können. Vielleicht schläft sie dieses Mal ja ein wenig länger? Wenn sie dann erst nicht einschlafen will und immer wieder aufsteht, muss ich mich zusammenreißen, um sie nicht anzuschreien oder ihr aus Verzweiflung auf die Finger zu hauen. Meine Nerven sind bis aufs Äußerste gespannt. Es ist fast unerträglich. Geht denn der Sommer nie vorbei?

Ich sage alle Verabredungen ab. Mein Kalender ist blau von durchgestrichenen Terminen. Zum Glück kann unser Babysitter

Maria ein paar Mal nachmittags kommen. Dann geht sie mit Anna Lea spazieren, ich liege zusammengekrümmt auf Bett oder Sofa. Hoffe, dass der Dämon mich mal loslässt. Es ist einfach unbeschreiblich schrecklich. Solche Befindlichkeiten wünsche ich wirklich nicht einmal meinem ärgsten Feind.

Meine Schwägerin Barbara und auch eine Nachbarin reden mir zu, dass ich unbedingt mal zu Sybille fahren soll. Sie ist ein Medium. Ich bin physisch und psychisch so am Ende, mache aber einen Termin aus, obwohl ich von Anfang an skeptisch bin. Kerzen brennen, Sybille, ungefähr mein Alter, fragt zwischen Meditationsmusik und Duftlampe mit einer sanften Stimme nach meinem Anliegen. Ein kleiner Zimmerbrunnen plätschert im Hintergrund.

Ich erzähle von meinen Angstzuständen, dem Wunsch nach einem zweiten Kind und der Überlegung, vielleicht doch in eine Klinik zu gehen, weil ich nicht mehr weiß, wie es weitergehen soll. Dann lege ich mich auf eine bequeme Matte und sie beginnt mit ihrer Sitzung. Der Kassettenrekorder läuft. Alles wird aufgezeichnet. Sybille spricht mit einer ganz besonderen Diktion: „Lass dich, Liebes, für den Augenblick nach innen sinken, den Körper fühlen, wie er auf der Unterlage aufliegt, spüre, wie dein Atem ein- und ausströmt und erlaube für den Augenblick, dass dein Körper mit einem jedem Atemzug ein wenig tiefer entspannt, für den Augenblick loslassen kann, dir Raum und Zeit zu geben, nach innen zu sinken und zu spüren. Kannst du beginnen dir vorzustellen, wie heilende Kraft in dich einströmt, in dich einsinkt, in jede Körperzelle einsinkt und beginnt, von dir aus auszustrahlen in deine Aura. Du kannst beginnen, diese heilende Kraft ganz gezielt anderen zustrahlen zu lernen, deinem Mann, deiner Tochter und auch dein weiteres Kind innerlich zu visualisieren, diesem Bereich innerlich heilende Energie zuzustrahlen … Angst geschieht, wenn die Energie sich zusammenzieht, immer mehr zusammenzieht. Angst ist ein Energie fressendes Symptom, und aus unserer Sicht: Je mehr du lernst, Energie fließen zu lassen und vor allen Dingen zu geben, so dass die Energie von dir nach außen strömen kann, desto mehr beginnt ganz innen die Energie zu lernen, in neuen Kanälen zu strömen. Weil du ich von jeher ungeliebt und unwert fühlst, tendiert etwas in dir dazu, jede Hilfe von außen in der Tendenz abzuschmettern. Wie um dir selbst und auch dem Gegenüber zu beweisen, dass es ja doch keinen Sinn hat … zu lernen, dein inneres Herz zunächst einmal wertzuschätzen. Dass es ja doch keinen Sinn hat, ganz gezielt geben zu lernen, anstatt sich wie ein Igel zu verhalten – abgewiesen, verlassen, zurückgewiesen … Wir würden dir empfehlen, ganz gezielt mit deinem Körper in Kontakt zu treten, würden dir empfehlen, Kurse zu machen mit Berührung, mit Reiki, mit Massagen, um dieses nicht nur empfangen zu lernen, sondern in erster Linie geben zu lernen … damit du immer mehr deine innere Kostbarkeit erfahren lernst. Es ist nicht das Leisten, das dir die Liebe letzendlich zugänglich macht, das ist wie eine Sackgasse. Du trägst so viel Kostbares in dir, übe, ganz bewusst, deinem Gegenüber Energie zu vermitteln, übe, als aufbauender Mensch durch die Welt zu gehen, zu sprechen… Das heißt nicht, dass damit alle Anfälle ein für allemal vorbei sind, aber du baust dir ein energetisches Polster auf, das dich dann gar nicht so sehr absinken lässt, sondern dir kontinuierlich hilft, immer mehr in ein erfülltes Sein zu kommen."

Sybille rät mir weiterhin, nicht in eine Klinik gehen, mich nicht so sehr mit meinen eigenen Problemen zu beschäftigen, sondern positiv nach außen zu gehen, aufbauende Energie zu vermitteln. Ich soll viel in der Natur sein, ihre Energie tanken, um mich gezielt aufzuladen. Sie empfiehlt mir Bachblüten, die sie mir auch im Set besorgen kann. Ich soll intuitiv das Stimmige für mich ziehen, was mich unterstützt, die Balance zu halten und auf ganz sanfte Art hilft, diese alten Fäden zu lösen. Außerdem empfiehlt sie mir alles, was mit Atmen zu tun hat, und viel Bewegung, um mehr Lebendigkeit aufzubauen: „Was du verströmst, das ziehst du auch an."

Schon während ich auf der Matte liege, ist mir klar, dass ich mit dieser Sitzung nicht weiterkomme. Es sind ziemliche Allgemeinplätze, die Sybille an mich heranträgt, einige Sachen treffen zu, andere liegen voll daneben. Ich fühle mich physisch und psychisch gar nicht in der Lage, Energie zu verströmen. Meine Batterie braucht vielmehr Energie. Außerdem ziehe ich mich nicht wie ein Igel zurück. Ich gehe ja immer wieder nach außen, werde aktiv. Im anschließenden Gespräch, das nicht mehr aufgezeichnet wird, rät sie mir, ein neues Studium anzufangen. Ich höre schon nur noch mit halbem Ohr zu, bin völlig enttäuscht und fahre noch hoffnungsloser als vorher nach Hause. Wieder hundert Mark weg – dafür hat Sybille mir die Kassette mitgegeben.

„Einsamkeit ist der Weg, auf dem das Schicksal den Menschen zu sich selber führen will."　　　　　　　　　　　*Hermann Hesse*

Neuer Neurologe – neues Glück?

Im Fernsehen verfolge ich zufällig einen Bericht mit dem Berner Psychotherapieprofessor Klaus Grawe. Er genießt Autorität, ist vor allem durch seine Kritik an der ideologischen Ausrichtung der Psychoanalyse bekannt geworden. Er befürwortet kurze Therapien, orientiert an Wirkkriterien, Persönlichkeitstypen und Störungsfaktoren. In der Sendung führt Grawe interessante Thesen zum Thema Angst aus, stellt auch kurz die Expositionstherapie des Christoph-Dornier-Centrums vor. Ich bin ganz Ohr, starte gleich am nächsten Morgen einen Versuch und rufe an der Universität Bern an. Ohne Probleme werde ich zu ihm verbunden, er ist direkt am Apparat und gibt mir bereitwillig Auskunft. „Herr Grawe, Ich habe Ihren Beitrag im Fernsehen gesehen und möchte Sie um Rat fragen. Ich mache seit gut zwei Jahren eine Gesprächstherapie, habe aber immer noch starke Angstgefühle, die Symptomatik ist nur in kurzen Phasen weg", schildere ich ihm meine Situation. Er fragt noch ein wenig nach und rät:

„Sie müssen auf jeden Fall die Therapie wechseln. Wenn nach sechs Monaten keine erkennbare Besserung eingetreten ist, dann läuft da etwas falsch."

Er nennt mir auf meine Bitte hin einen Neurologen in der Innenstadt, Dr. U. Ich bedanke mich ganz herzlich und lege ein wenig befreit auf. Wie es der Zufall oder das Schicksal will: Es ist derselbe Neurologe, den mir vor ein paar Wochen die Erzieherin im Kindergarten genannt hatte. Das ist ein Zeichen, denke ich. Das ist des Rätsels Lösung. Endlich habe ich wieder mal ein wenig Hoffnung, dass ich auf dem richtigen Weg bin. Und so vereinbare ich eine Therapiepause mit Eva Z., bei Dr. B. war ich schon länger nicht mehr. Ich will nicht auf mehreren Hochzeiten tanzen.

Ich rufe gleich bei Dr. U. an, beziehe mich auf die Empfehlung von Professor Grawe, muss aber doch zehn Tage auf einen Termin warten – obwohl ich eindringlich auf meine Notsituation hinweise. Es geht mir ziemlich schlecht: Meine Nerven liegen bloß, mir ist eng und ich bin unendlich niedergeschlagen. Immer wieder kommt es mir vor, als müsste bei mir nur ein bestimmter Knopf gedrückt werden, damit alles aufhört. Aber eben diesen Knopf habe ich noch nicht gefunden. Ich bin insgesamt sehr reduziert, verbringe manchmal den ganzen Vormittag auf dem Sofa, körperlich und seelisch erschöpft. Dann hole ich Anna Lea aus der Kinderkrippe, hoffe, dass der Mittagsschlaf lange dauert und lese ihr dann im Bett noch was vor, esse mit ihr ein Eis oder auch Melone. Ich versuche, ein wenig Heiterkeit auszustrahlen, wenn wir zusammen spielen. Dann bin ich froh, wenn sie zu ihrer Ersatzoma gehen kann oder mit einem Nachbarsmädchen spielt. Momentan kann ich es nicht ertragen, wenn andere Kinder zu uns nach Hause kommen. Ich fühle mich wie ein Luftballon, der beim Anpieksen platzen könnte. Irgendwie schleppe ich mich dahin, mache abends was zu essen für uns und liege oft bereits um 20 Uhr in meinem Bett. Dann lese ich Louise L. Hay oder andere Literatur, die mich aufbauen, mich bestärken soll: dass ich es irgendwann schaffen werde, dass diese Krise auch einmal vorübergeht, dass ich nicht aufgeben darf. Manchmal schlafe ich leise weinend ein. Jeder Tag ist ein Kampf.

Heute habe ich um 11 Uhr den Termin bei Dr. U. Soll ich ein Taxi nehmen? Aber nein, das schaffe ich schon. Diese Probe muss ich bestehen. Ich fahre U-Bahn, versuche mir einzureden, dass wir gleich da sind. Was passiert? Ausgerechnet meine U-Bahn bleibt im Tunnel stecken. Unfassbar. Ruck, zuck! steigt die Panik in mir hoch, ich habe Angst zu sterben, mir ist schwindlig und übel. Mein Herz rast. Äußerlich sieht man nichts. Ich spreche die Frau gegenüber an, damit ich nicht total ausraste, muss ich mich ablenken. Aber ich habe ja nur zwei Möglichkeiten: ausrasten und den Notfallhammer betätigen oder abwarten, bis es endlich weitergeht und bis dahin mit Affirmationen arbeiten. Völlig fertig komme ich bei Dr. U. an, erzähle aufgelöst von der Panikattacke und von allem, was bisher war. „Ich habe überhaupt keine Termine mehr frei, denn in meinen Einzelsitzungen betreue ich Patienten aus den Gruppen, die ich mache", erklärt Dr. U.

In mir bricht mal wieder eine Welt zusammen. Irgendwer muss mir doch helfen. Man kann mich doch nicht einfach so abschreiben, hilflos zurücklassen. Wer fühlt sich denn mal verantwortlich für mich? Ich weine verzweifelt, schluchze meinen Schmerz heraus und meine Ängste. Als er erfährt, dass ich in den letzten vier Wochen bestimmt vier Panikattacken hatte, fragt er: „Sie sind ja völlig aufgelöst. Haben Sie in der Therapie nicht gelernt, welche Strategien Sie in diesen Situationen anwenden sollen?" Trotz seines vollen Terminkalenders soll ich am nächsten Abend um 18 Uhr wiederkommen, dann will er Harald und mir Strategien erklären. Die Zeit ist um, zwanzig Minuten. Mehr kann Dr. U. nicht abrechnen. „Ich zahle auch privat. Das ist egal. Ich kann nur so nicht mehr leben." – „Jetzt verschreibe ich Ihnen nochmals ein Antidepressivum, das Sie bitte drei Mal täglich einnehmen. Wir sehen uns dann morgen", verabschiedet mich Dr. U. ohne weitere Erklärungen. Er hat noch telefonisch mit einem Internisten telefoniert, der drei Häuser weiter praktiziert und mich untersuchen soll, um dann Betablocker zu verschreiben. Ich bin dankbar, dass er etwas für mich unternimmt. Ich bin völlig erschöpft. Dr. P. untersucht mich und gibt mir dann das mit Dr. U. vereinbarte Rezept. In einer Woche soll ich anrufen, wie das Medikament wirkt. Ich fahre mit dem Taxi nach Hause, bin total enttäuscht, dass ich wieder so tief gefallen bin, dass mich der Rückfall so tief getroffen hat. Es ist, als hätte ich noch nichts gelernt. Was ist nur los? Verdammt noch mal! Was bleibt, ist die Verzweiflung, die Einsamkeit und auch ein kleines bisschen Wut.

Am nächsten Abend dürfen wir Anna Lea zu ihrer Ersatzoma bringen und machen uns auf den Weg in die Stadt. Dr. U. erklärt uns die Anti-Panik-Strategie. „Panik ist hausgemacht, Sie müssen sich der Situation stellen, dürfen nicht fliehen." Der erste Schritt bei einer Panikattacke ist die Körperwahrnehmung. Was ist los? Von Kopf bis Fuß soll ich mir alles voll und ganz beschreiben, beispielsweise: Mir ist schwindlig, mein Mund ist trocken, im Hals sitzt ein Kloß usw. Durch die genaue Beschreibung registriert man, dass es kein Totalalarm ist, sondern dass es meistens auch ruhige, unbeteiligte Regionen gibt.

Der zweite Schritt besteht darin, dass ich mich frage: Was ist das Schlimmste? Zum einen im körperlichen Bereich von dem, was ich im Augenblick an Erregung wahrnehme: Habe ich Angst, gleich zu sterben, umzufallen o. ä.? Zum anderen im sozialen Bereich: Fürchte ich irgendwelche Katastrophen, beispielsweise, dass man mich auslacht o. ä.? Schritt Nummer drei besteht darin, sich zu fragen: Was kann mir helfen, ohne fremde Hilfe meine unangenehmen Gefühle auszuhalten? Beispielsweise die Feststellung: Ich bin noch nicht verrückt. Es ist nicht von Dauer, es geht vorbei. Zuletzt gilt es dann, die Erregung im Körper nochmals von Kopf bis Fuß zu beschreiben. Dann wird man feststellen, dass die körperlichen Symptome schwächer geworden sind.

Dr. U. erklärt nochmals, dass er keine Zeit hat, um mich als

Patientin zu betreuen. „Aber Sie können von Zeit zu Zeit zu mir kommen, damit wir die Situation besprechen." Wir bedanken uns recht herzlich, dass er uns so spät und auf dem Weg ins Wochenende noch dies Gespräch ermöglicht hat. Ich habe das Gefühl, wieder ein kleines Stückchen weitergekommen zu sein – wie schon so oft zuvor.

Die Tage gehen dahin, die Nebenwirkungen der Antidepressiva lähmen mich ein bisschen, von den Betablockern spüre ich eigentlich nichts. Es ist unsagbar heiß, ich bin froh über jeden Tag, den ich geschafft habe. Mein Alltagsleben kann ich jetzt noch aufrecht erhalten. Aber was soll werden, wenn Anna Lea ab nächster Woche Krippenferien hat? Sie ist jetzt zweieinhalb Jahre alt und braucht Betreuung und Ansprache. Das kann ich nicht den ganzen Tag leisten.

Schwägerin Barbara, die mich die ganze Zeit über stützt und für mich da ist, fährt mich zu dem nächsten Termin bei Dr. U. U-Bahn kann ich nach dem letzten Erlebnis noch nicht fahren, mit dem Auto traue ich mich auch nicht allein in die Innenstadt. Außerdem ist der Termin am Nachmittag, Anna Lea muss versorgt sein. Sie fährt mit und geht mit Barbara ein Eis essen, während ich von Dr. U. auf mein Bitten und Drängeln nochmals hören muss, dass er unter keinen Umständen Platz für mich hat. Aber er gibt mir einen Fragebogen mit, den ich ausgefüllt zurückschicken soll. Er hofft, aufgrund der Ergebnisse meine Problematik besser einordnen zu können. Außerdem erklärt er mir die Stop-Technik. Immer wenn negative Gedanken kommen, soll ich ganz laut Stop rufen. Es leuchtet mir ein, dass dieses laute Rufen den Gedankengang unterbrechen und dadurch helfen kann. Aber ich weiß ebenso, dass ich das in Anna Leas Gegenwart nicht praktizieren kann. Sie würde sich ja total erschrecken.

„Oder soll ich doch in eine Klinik gehen?", frage ich ihn unvermittelt. Wohl in der Hoffnung, dass er dies verneint. „Frau Hesse, ich würde mir an Ihrer Stelle diese Möglichkeit offen halten, wenn sich Ihr Zustand nicht bessert. In Prien am Chiemsee gibt es eine sehr gute psychosomatische Klinik. Sie können sich ja mal die Unterlagen schicken lassen. Die Wartezeiten sind lang, dauern bis zu einem Jahr." Drei Monate dauert durchschnittlich der Aufenthalt, ich kann mir das ohne Anna Lea überhaupt nicht vorstellen, fordere aber die Unterlagen an. Vielleicht kann ich eher einen Termin bekommen, da ich eine private Zusatzversicherung habe. Bei dem Gedanken, dass ich in eine Klinik soll, werde ich allerdings noch verzweifelter, schließe es aber nicht mehr völlig aus. Die Zeit bei Dr. U. ist schnell um. In einer Woche kann ich wiederkommen. Schnell setze ich noch meine Sonnenbrille auf, damit Anna Lea mein verheultes Gesicht nicht sieht.

Annas Leas Ferien beginnen, Harald ist beruflich ein paar Tage unterwegs. Ich muss mich irgendwie organisieren, habe unsagbare Angst vor dieser Zeit, was ich auch Nachbarn und Freunden gegenüber immer wieder anspreche. Aber wer nicht um meine Verfassung weiß, der muss denken, dass ich mich total anstelle und dramatisiere. In der ersten Ferienwoche ist glücklicherweise Babysitterin Maria da, ich kann mir ein paar Freiräume schaffen. Dann lese ich zufällig im Bäckerladen, dass ein polnisches Mädchen in den Ferien etwas Geld verdienen will. Monika kommt vorbei, sie studiert in Polen und will Lehrerin werden. Glücklicherweise kann sie Deutsch. Zwei Wochen kommt sie täglich zwei Stunden. Soll eigentlich mit Anna Lea spielen und spazieren gehen, so dass ich mich zurückziehen kann. Aber mein Töchterchen findet auf die Schnelle keinen Draht zu ihr, also macht Monika ein wenig im Haushalt und ist einfach als Ansprechpartnerin da. Das ist für mich beruhigend. Ich liege wieder viel im Bett und auf dem Sofa, bin auch von der Hitze total erschöpft.

Der nächste Termin bei Dr. U ist wieder kurz. Er überprüft die Medikation, ein paar Sätze über die Befindlichkeit werden ausgetauscht. Hinsichtlich der ausgefüllten Fragebögen, die ich zurückgeschickt habe, sagt er: „Ich weiß auch nicht, welche Therapieform für Sie in Frage käme. Wahrscheinlich steckt hinter Ihrem starken Selbstbewusstsein Ihre Schwäche." Was soll das jetzt heißen? Bin ich doch ein hoffnungsloser Fall? Ich erfahre, dass Dr. U. jetzt für vier Wochen in Urlaub geht. „Wenn es Ihnen schlechter geht, erhöhen Sie die Medikamentendosis", sagt er lapidar zum Abschied. „Oder Sie wenden sich an die Angstambulanz im Max-Planck-Institut." Ich bin erschüttert, fahre nach Hause und werde immer wütender. Was bilden die sich eigentlich ein? Einfach ruhig stellen, abschieben, Medikamente essen wie Schokolade: Ich beschließe, sofort mit jedweder Therapie aufzuhören. Eine ungeahnte Energie wird in mir wach und macht sich breit, mischt sich mit Trotz und Wut auf Ärzte und Therapeuten.

Aber es ist alles gar nicht so einfach. Anna Lea hat immer noch Ferien, ich organisiere Mädchen aus der Nachbarschaft, die mich stundenweise entlasten. Harald ist am Wochenende mal wieder unterwegs, meine Verlustängste kommen hoch. Rückenschmerzen quälen mich, so dass ich auch wieder bei der Krankengymnastik Termine vereinbare. Aber irgendwie komme ich plötzlich ganz gut klar, habe das Gefühl, dass ich endlich überm Berg bin.

„Man soll nicht ins Scheitern, sondern ins Gelingen verliebt sein."   *Ernst Bloch*

Start ins Berufsleben außer Haus

„Du darfst auch nicht den ganzen Tag zu Hause rumsitzen." – „Du bist nicht der Typ, der als Hausfrau und Mutter zufrieden ist." – „Willst du bei uns im Büro Schreibarbeiten machen, damit du mal unter Leute kommst?" – „Anna Lea ist in der Kinderkrippe, was machst du nur den ganzen Vormittag?" Solche und ähnliche Bemerkungen muss ich mir immer mal wieder anhören. Und irgendwann glaube auch ich, dass meine Angstzustände und depressiven Phasen nur daher kommen, weil mir die Ansprache von Kollegen fehlt. Das Aus-dem-Haus-Gehen und in erster Linie natürlich die Aufgabe im Job. Die Halbtagsstellen für mich in der Süddeutschen Zeitung sind rar, also schicke ich Blindbewerbungen raus, weil ich einfach irgendetwas tun will. Nach ein paar Wochen hake ich telefonisch nach – und siehe da: Ein großer renommierter Verlag hat Interesse. Und nach langem Hin und Her, vielen Gesprächen und Telefonaten steht fest, dass ich dort als Chefin vom Dienst anfangen werde. Das Büro ist nicht weit von zu Hause entfernt, die Arbeitszeiten werde ich je nach Arbeitsaufkommen flexibel handhaben. Nach Möglichkeit ist der Freitag für mich frei. Ich bin zwar nicht der Ansicht, dass das anfallende Arbeitspensum in der Redaktion mit einer halben Stelle bewältigt werden kann, aber ich soll es versuchen. Nur unter diesen Bedingungen bekomme ich den Job.

Mir geht es wunderbar, ich habe Auftrieb. Das ist es, denke ich optimistisch. Ich bin so leistungsorientiert, jetzt geht es mir gut, weil ich arbeite – so einfach ist das. Warum habe ich nicht schon eher daran gedacht, schießt es mir durch den Kopf. Gleich setze ich mich an den Schreibtisch, um meiner Therapeutin, mit der ja eine Pause vereinbart ist, einen Brief zu schreiben. Unter anderem steht darin: „Nun werde ich mal meine Kraft einsetzen, um mit meinen Problemen und Ängsten realistisch umzugehen, mir immer wieder vor Augen zu führen, was ich alles bei dir gelernt habe. Und das ist ja jede Menge. Dafür danke ich dir sehr. … Jetzt bin ich dran." Ich bin voller Elan, freue mich auf die Herausforderung und lade gleich ein paar Leute zum Dämmerschoppen ein. Es muss Lichtjahre her sein, dass ich mich so stabil gefühlt habe. Ich spüre Lust auf Leben. Das ist vielleicht ein tolles Gefühl. Ich habe vergessen, wie aufregend und anregend alles sein kann. Ich werde wieder ins „normale" Leben zurückkehren und nicht nur zu Hause sitzen.

Aber irgendetwas in mir mahnt mich: „Andrea, behalte freiberuflich auch die anderen Jobs. Man kann nie wissen, wie sich alles entwickelt." Das ist natürlich phasenweise sehr anstrengend. Wenn ich geschlaucht aus dem Büro komme, unsere Tochter aus der Krippe abhole und dann noch andere Arbeiten zu Hause auf mich warten. Früher habe ich solche Belastungen auch geschafft, sage ich mir. Und leiste mir endlich eine Putzfrau zur Entlastung. Die Ruhe dauert nicht lange. Im Büro habe ich Fluchtbestrebungen, wenn Besprechungen anstehen, bei dem Gedanken an Schulungen Schweißausbrüche. Morgens komme ich oft ganz früh ins Büro, um dann je nach Befinden frei entscheiden zu können, wann ich gehe. Nichts ist schlimmer, als wenn ich bis zu einer bestimmten Uhrzeit bleiben muss. Da ich zum Perfektionismus neige, will ich in der relativ kurzen Zeit im Büro alles regeln. Aber das ist bei einem Halbtagsjob für vier Fachzeitschriften unmöglich.

Eines Morgens wird mir im Büro von einem Augenblick zum anderen schwarz vor Augen, ich breche vor dem PC zusammen, fahre mit dem Taxi nach Hause. Was soll das? Was ist los? Warum? Ich weine nur noch, rufe Harald an, damit er mittags Anna Lea abholt. Mir ist der Zusammenbruch schleierhaft: Ich spüre, dass der Job inhaltlich und fachlich nicht meinen Vorstellungen entspricht, auch der zwischenmenschliche Bereich lässt in dem Hause stark zu wünschen übrig. Aber ein bisschen Stress tut doch gut. Oder habe ich mich mal wieder überfordert? Ich kann mich überhaupt nicht mehr auf mich verlassen, mich in keiner Weise realistisch einschätzen. Wo soll das hinführen? Natürlich macht der Job halbtags noch mehr Stress, weil ich mich immer erst auf den aktuellen Informationsstand bringen muss. Aber früher hat mir das doch auch nichts ausgemacht, waren solche Belastungssituationen eher eine Herausforderung für mich. Ich bin ratlos, traurig, verzweifelt. Ich habe schon so vieles ausprobiert, jede Menge Energie investiert. Was bleibt mir noch? Die Klinik? Eine Therapie im Christoph-Dornier-Centrum? Ich ziehe es zumindest in Erwägung.

Über die Expositionstherapie wird zur Zeit in allen Medien berichtet, die Erfolge mit achtzig Prozent beziffert. „Das ist doch nichts für mich. Ich lebe ja meinen Alltag weiter und vermeide höchstens das Fahren mit öffentlichen Verkehrsmitteln", erkläre ich Harald meine Position. Er stimmt mir zu, hat wohl auch langsam aber sicher die Nase voll mit mir. Ständig was Neues, wir kommen überhaupt nicht zur Ruhe. Jeden Morgen fragt er mich schon mechanisch: „Wie geht es dir?"

„Es geht so." – „Ganz gut." – „Es hat mich wieder angeflogen." – „Ich liege schon seit sechs Uhr wach." – „Mein Herz ist so schwer." – „Ich schaffe diesen Tag nicht." Das sind einige der möglichen Antworten. Nicht gerade positiv oder aufbauend, das weiß ich auch. Aber seit kurzem schlafe ich auch so schlecht, wache frühmorgens auf und liege wach.

„Bleibe bei dir. Versuche nicht immer, die Verantwortung nach außen abzugeben. Akzeptiere die schlechten Phasen. Du weißt, dass es vorbei geht", versucht sich Harald therapeutisch. Er kann nicht verstehen, dass ich ständig wieder irgendwas ausprobiere, immer auf der Suche nach des Rätsels Lösung bin. „Bei deiner Kindheit ist es doch kein Wunder, dass es dir so schlecht geht. Das braucht seine Zeit. Verlang doch nicht immer gleich alles von dir." Das kann ich nicht akzeptieren. In der Therapie habe ich meine Kindheit von vorne bis hinten ausgebreitet, war zu allem bereit, um nur von diesem inneren Dämon befreit zu werden. Sicherlich, an die ganz tiefen Verletzungen sind wir auch mit Hypnose und Katathymem Bilderleben nicht herangekommen. Aber dann soll es vielleicht auch nicht sein. Das kann ich akzeptieren.

Eines Tages kommt mir die Idee, die Autorin eines Angst-Ratgebers anzurufen. Ich kenne sie von einem Praktikum in einem Münchner Verlagshaus, weiß, dass sie in Hamburg lebt. Über die Auskunft bekomme ich ihre Telefonnummer und rufe sie gleich an. Vielleicht habe ich eine Möglichkeit übersehen? Sie war auch

Betroffene, hat die Panikattacken aber inzwischen in den Griff bekommen. Damals hat sie eine Gestalttherapie gemacht, drei Jahre lang. Mittlerweile ist sie verheiratet, Mutter von zwei Kindern und freiberuflich als Journalistin tätig. Das Gespräch gibt mir wieder Mut. Sie hat es geschafft, warum sollte ich es nicht auch schaffen. Mittlerweile kenne ich eine Hand voll Frauen, die Angstzustände überwunden haben. Ich muss nur den richtigen Knopf finden. Dann kann ich auch bestimmt endlich ein zweites Kind bekommen. „Setz dich doch nicht immer mit dem zweiten Kind so unter Druck", höre ich Harald sagen. „Wir haben doch Zeit."

„Haben wir eben nicht. Meine biologische Uhr läuft. Und außerdem will ich nicht zwei Einzelkinder haben", antworte ich. „Dann freuen wir uns eben, dass Anna Lea gesund und munter ist. Ein Kind reicht auch." Nein. Immer habe ich mir zwei Kinder gewünscht. Ich bin wie ein Einzelkind aufgewachsen, das möchte ich für Anna Lea auf keinen Fall. Aber solange ich nicht stabil bin, ist an eine Schwangerschaft gar nicht zu denken. Das würde ich nicht aushalten können mit diesen schrecklichen Zuständen. Und für das Kind wäre es auch eine enorme Belastung. Ich muss einfach gesund werden.

Bei uns ist Straßenfest. Glücklichweise ist die brütende Hitze vorbei, trotzdem liegen meine Nerven wieder bloß. Mit letzter Kraft setze ich mich draußen mit an einen Biertisch und versuche ein wenig Smalltalk. Das liegt mir sowieso nicht, aber jetzt ist es für mich eine ungeheure Anstrengung. Alles in mir schreit wieder nach Hilfe. Nach außen ist natürlich mal wieder nichts sichtbar. Höchstens mein leidendes Gesicht, das viele auch mit schlechter Laune deuten. Egal, ich muss mich hier nicht outen. Meine Freundin Ursula, die mit den Kindern aus Schliersee angereist ist, redet bei einem Spaziergang auf mich ein: „Andrea, du musst etwas unternehmen. Das bist du auch Anna Lea schuldig. Es wird ja gar nicht besser mit dir. Dann gehst du eben ein paar Wochen in eine Klinik." Der Schock sitzt. Sofort werde ich steif und förmlich, die

Tränen versiegen. Nein, das kann und will ich nicht. Jeder rät mir ab, ich soll mich nicht mit Medikamenten vollstopfen lassen, ich kann Anna Lea nicht so lange allein lassen. Klinik – das ist für mich die letzte Reserve und kommt einer Kapitulation gleich. Ich habe in letzter Zeit sowieso schreckliche Angst, dass man mich eines Tages in die Psychiatrie einweisen wird. Ich muss fast täglich daran denken. Horrorbilder steigen in mir hoch. Ich bin so aufgewühlt, dass ich noch am selben Abend meine Schwester anrufe. In meiner Not bitte ich sie um das Versprechen, im Fall der Fälle so eine Einweisung nicht zuzulassen. „Brigitte, versprich mir, dass du mich da raus holst. Bitte, versprich es mir", flehe ich sie an. „Aber Schwesterchen, natürlich kümmere ich mich um dich und hole dich da raus", versucht sie mich zu beruhigen. Der Gedanke verfolgt mich wie eine fixe Idee, es ist unerträglich. Ich habe Angst, verrückt zu werden. Lieber will ich sterben, als in einer Anstalt enden.

Einmal in der Woche gehe ich jetzt abends zum Yoga: In einem kleinen Kreis von maximal zehn Personen, fast alle aus der Nachbarschaft. Die Atmosphäre ist sehr persönlich, unsere Lehrerin bringt immer einen Duft für die Duftlampe mit und einen Edelstein, der in der Mitte liegt. Wir lernen, Stress abzulegen, uns zu entspannen und wieder auf uns selbst zu besinnen. Weil Harald dienstags immer so spät aus dem Verlag kommt, habe ich einen Babysitter engagiert. Das geht natürlich wieder ans Portemonnaie, aber ich möchte diese Gelegenheit nutzen. Aber auch hier gibt es für mich keine Ruhe. Einmal geht es mir von jetzt auf gleich in der Yoga-Stunde sehr schlecht, die Panik steigt und steigt: „Ich muss hier raus." Es geht alles ganz schnell. Von einer Sekunde auf die nächste bin ich raus aus dem Raum, kann nur noch rufen: „Mir geht es nicht gut. Ich fahre nach Hause." Die Yoga-Lehrerin kommt rausgelaufen, ich sage ihr nur, dass ich wieder solche Angstzustände habe. Es tut mir Leid, und ich schäme mich auch für diese Reaktion, die Unruhe in die Stunde gebracht hat. Aber es muss sein.

Ein paar Tage später ruft mich eine Teilnehmerin an: „Sie müssen sich auf jeden Fall für Ihr Verhalten entschuldigen", höre ich sie unaufgefordert zu mir sagen. Ich bin erstaunt. Wie kann und will sie das beurteilen? Sind jetzt alle verärgert? Auch in der kommenden Woche gehe ich nicht hin. Brauche erst mal Abstand und Ruhe, keine Termine, egal welcher Art. Der Job reicht mir als Verpflichtung. Außerdem bin ich unsicher. Als ich wieder hingehe, bin ich ganz offen: „Es kann sein, dass ich ab und zu unvermittelt den Raum verlassen muss. Stört das jemanden?" Nein, so die allgemeine Antwort. Also gehe ich wieder regelmäßig zum Yoga. Aber der Schock sitzt mir in den Gliedern. Warum reagiere ich in einem vertrauten Kreis, in entspannter Atmosphäre mit Flucht und Panik?

Im Herbst nehme ich wieder Kontakt zu Dr. U. auf, der aus dem Urlaub zurückgekehrt ist. Vorbei ist meine Souveränität, der Leidensdruck groß. Ich bin wieder das hilflose kleine Mädchen. Dr. U. sieht schnell, dass es mit mir nicht besser geworden ist. Ich bitte ihn erneut, mich als Patientin aufzunehmen. Ja, es klappt. Ein Kollege in der Gemeinschaftspraxis hat gerade einen Platz frei, wir vereinbaren einen Termin. Jetzt muss ich verstärkt Babysitter bemühen, denn vormittags bin ich im Büro und kann keine Stunden bei Dr. K. nehmen, nachmittags muss Anna Lea betreut werden.

„Ich habe viel mit Angstpatienten gearbeitet, annähernd 1500 waren es. Ich war lange in der Klinik Roseneck in Prien, aber ich habe noch nie jemanden erlebt, der so aufgelöst und fertig ist wie Sie", sagt er in der ersten Stunde zu mir. Es trifft mich wie ein Blitz. Haben Sie mich schon aufgegeben?", frage ich unter Tränen. „Nein, nein", wehrt er ab. Weinend verlasse ich die Praxis, bin am Ende meiner Kraft. Was will er mir sagen? Der Gedanke an einen Klinikaufenthalt kommt wieder. Zu Hause lese ich in aller Ruhe die Unterlagen von der Klinik in Prien durch, die ich vorsorglich schon angefordert habe. Vielleicht sollte ich das doch einfach mal ausprobieren?

„Ein Mensch trägt die Last, der er gewachsen ist."

Aus Afrika

Vor der Expositionstherapie

„Andrea, ich habe im BR eine Sendung über Dornier gehört, die machen was in Sachen Angst", informiert mich ein Nachbar. Ich rufe sofort beim BR an, der entsprechende Kollege ist gerade außer Haus, ich soll mich am nächsten Tag noch einmal melden. Zufall oder Schicksal? Ich weiß es nicht. Auf jeden Fall spricht mich auch Dr. K. in der nächsten Sitzung auf das Christoph-Dornier-Centrum an. „Frau Hesse, wenn Sie nicht so lange von zu Hause wegwollen, gibt es noch eine andere Möglichkeit für Sie. Ich habe einen Fernsehbericht über die Expostionstherapie des Christoph-Dornier-Centrums aufgezeichnet. Den können wir uns mal gemeinsam anschauen. Das dauert dort so drei bis vier Wochen, wenn ich richtig informiert bin. Wenn ich Angstpatient wäre, würde ich dorthin nach Münster gehen", erklärt Dr. K. Münster – diese Stadt ist mir vertraut. Ich mag die Menschen dort, bin voll von Erinnerungen an meine Studentenzeit. Das ist ein gutes Zeichen, denke ich mir. Diese persönliche Beziehung zu der Stadt macht es mir leichter, mich überhaupt mit dem Gedanken an eine mögliche Therapie zu beschäftigen. Wenige Tage später habe ich die Unterlagen. Als ich den Umschlag öffne, bin ich richtig aufgeregt. Was kommt da auf mich zu? Aber ich freunde mich innerlich immer mehr mit dem Gedanken an, für eine Therapie dorthin zu gehen. So kann es nämlich auf keinen Fall mit mir weitergehen.

Behandelt werden Angst- und Zwangsstörungen, bulimische Essstörungen und Rückfälle bei Abhängigkeiten. „Im Regelfall kann von einer Behandlungsdauer von zwei bis drei Wochen mit ca. 40 Behandlungseinheiten ausgegangen werden, so dass die Gesamtkosten der Behandlung im Durchschnitt ca. 10 000 DM betragen", heißt es in den Informationsunterlagen. Eine Stange Geld, und ich bringe schnell in Erfahrung, dass meine Krankenkasse davon maximal die Hälfte zahlt. Aber es wird schon irgendwie zu finanzieren sein, denke ich zuversichtlich. Und hoffe darauf, dass auch die Familie Geld beisteuert.

Plötzlich ist die Medienlandschaft voll von Berichten über diese Einrichtung. „Brigitte" bringt den Erfahrungsbericht einer Betroffenen, „Cosmopolitan" die Geschichte einer Bulimiekranken, die dort therapiert worden ist. In „Arte" gibt es sogar einen Themenabend Angst, in dem auch ein Beitrag über die Christoph-Dornier-Centrum in Münster gezeigt wird.

Das muss doch einfach helfen, denke ich. Für mich klingt das Konzept plötzlich viel versprechend. Aber ich bin so down, dass ich nicht mehr als ein Fünkchen Hoffnung verspüren kann. Mir geht es mal wieder ziemlich schlecht, das heißt, ich bin ständig auf sehr hohem Erregungsniveau, jede kleinste Schwierigkeit wirft mich aus der Bahn, Musik oder laute Stimmen tun mir richtig weh. Meine Nerven liegen bloß, ich muss aufpassen, dass ich Anna Lea gegenüber nicht laufend so ungerecht bin. Harald kann es sich dann nicht verkneifen, auch mal barsch auf meine Empfindlichkeiten zu reagieren. „Merkst du denn nicht, dass du wie deine Mutter bist? Stell dich nicht so an, reiß dich jetzt endlich mal zusammen." Ich bin zutiefst erschrocken, möchte auf keinen Fall mit meiner Mutter verglichen werden. Immer öfter ziehe ich mich am Wochenende und abends ins Schlafzimmer zurück, längst habe ich mir Ohrstöpsel gekauft, um etwas mehr Ruhe zu haben.

Dann fülle ich eines Tages den Eingangsfragebogen für das Christoph-Dornier-Centrum aus und schreibe zu Punkt 15 „Beschreiben Sie bitte in Ihren eigenen Worten den Anlass für Ihren Behandlungswunsch" einen verzweifelten Brief, in dem ich um baldige Kontaktaufnahme bitte. Beim Beantworten der Frage „Gibt es bestimmte Situationen oder Orte, in denen Sie aus anderen Gründen Angst haben oder die Sie vermeiden, wie beispielsweise Kaufhäuser, Auto fahren, Menschenmengen, enge geschlossene Räume, Brücken, hohe Türme oder Tunnel?" wird mir zum ersten Mal richtig bewusst, dass ich bestimmte Situationen vermeide. Und dass es ganz schön viele sind. Jetzt bin ich plötzlich überzeugt, dass dies entweder die richtige Behandlung für mich ist oder ich in der Psychiatrie lande. Ich warte auf einen Termin für eine eintägige Eingangsdiagnostik.

Ein paar Tage später verschärft sich meine Lage zusehends, alles geht plötzlich ganz schnell: Ich spüre, wie die Angst sich ausbreitet, gerate in Panik, werde ich jetzt eingeliefert? In meiner geballten Verzweiflung rufe ich in Münster an, um nachzufragen, wann denn nun das Diagnosegespräch stattfindet. Ich habe Glück im Unglück. Für Freitag hat jemand abgesagt. Wir können einspringen. Es klappt. Jetzt müssen schnell alle weiteren Modalitäten geklärt werden. Anna Lea kann bei ihrer Ersatzoma bleiben, wir fahren am Donnerstagabend los und übernachten bei meiner Schwester Brigitte. Als wir dort nachts ankommen, bin ich ziemlich erschöpft, gleichzeitig auch aufgeregt. Ich habe keine Ahnung, was am nächsten Tag im Centrum mit mir passiert. Damit ich besser einschlafen kann, trinke ich noch eine Flasche Bier und ziehe mich dann zurück. Ich schlafe sehr unruhig!

Am nächsten Morgen bin ich schon ganz früh wach, habe nur vor mich hingedämmert. Um neun Uhr ist der Termin, Harald fährt mich in die Stadt. Das Christoph-Dornier-Centrum liegt mitten in Münster, wenige Schritte von der Fußgängerzone der Altstadt entfernt. Als ich Frau F. sehe, ist sie mir auf Anhieb sympathisch. Ein gutes Zeichen, denke ich. Sie ist Ende Zwanzig, eine kleine Person mit einer dunklen lockigen Mähne und großen braunen Augen, die mir freundlich zulächeln. „Wie sieht denn der Terminplan für heute aus? Worauf muss ich mich einstellen?", frage ich sie. „Wir arbeiten jetzt bis zum Mittag, dann ist eine Stunde Pause. Danach geht es weiter bis 15 Uhr. Dann brauche ich noch einmal ungefähr eine halbe Stunde, um die Untersuchung auszuwerten. Und so gegen 16 Uhr treffen wir uns dann zur Schlussbesprechung, bei der auch Ihr Mann gerne mitkommen kann." Harald und ich vereinbaren, dass wir uns mittags beim Chinesen nebenan treffen, umarmen uns noch einmal ganz fest – und dann folge ich Frau F. ins Besprechungszimmer. Von jetzt an wird fast alles – mit meinem Einverständnis – mit einer Videokamera aufgezeichnet. „So können wir im Zweifelsfall darauf zurückkommen, Probleme noch mal en detail analysieren", wird mir erklärt.

Dann erzähle ich meine bisherige Odyssee in Sachen Angst, beschreibe meine depressiven Verstimmungen und andere Einschränkungen in meinem Leben. „Sie sind meine letzte Hoffnung. Sonst raste ich aus", gestehe ich unter Tränen. Unzählige Fragebogen müssen ausgefüllt werden. Ja, ja, ja, ja – kreuze ich bei den Fragen nach Vermeidungen an. „Ich habe immer gedacht, dass ich keiner Situation aus dem Weg gehe, weil ich doch unter Aufbietung der letzten Kräfte am normalen Leben teilnehme. Aber jetzt sehe ich, was ich alles nicht mehr mache und wie oft ich mir suggeriere, dass ich sie nicht machen will", stelle ich höchst erschrocken fest. „Ja, und das kostet natürlich unheimlich viel Kraft. Es wundert mich, wie Sie das so lange ausgehalten haben", entgegnet Frau F. Im Verlauf des Vormittags erinnere ich mich immer wieder an alle möglichen Angsterlebnisse, muss mich in Situationen einschätzen, meine Schwächen werden mir klar vor Augen geführt. Die Zeit vergeht wie im Flug. Bald ist es Mittag. Mein Kopf dröhnt, ich bin ausgelaugt von all diesen Fragen und Antworten.

Eine kurze Pause beim Chinesen. Dann geht es weiter. Frau F. will wissen, ob zuerst die Depression oder die Angst war. „Ich denke, ich bin zwar nicht unbedingt ein heiterer Mensch. Aber depressiv war ich vor dem Zusammenbruch nicht. Nein, ich glaube, diese depressiven Verstimmungen sind meine Antwort auf meine Schwäche, dass ich diese Krise nicht in den Griff bekomme", versuche ich zu erklären. Für Patienten mit Depressionen ist diese Therapie nämlich nicht geeignet, erfahre ich. So heißt es auch in der Informationsbroschüre unter Aufnahmekriterien für Angst- und Zwangsstörungen: „Aufgenommen werden Patienten mit generellen Ängsten, Zwangsstörungen und Phobien (mit oder ohne Panikattacken). Kontraindikationen sind suizidale Gefährdung oder Erkrankungen, die eine stationäre medizinische Behandlung erfordern."

Um 15 Uhr bin ich total am Ende, physisch und psychisch ausgelaugt. Frau F. beeilt sich mit der Auswertung, die sie schon in der Mittagspause begonnen hat. Sie weiß ja, dass wir gleich noch zurück nach München müssen. Um 15.30 Uhr treffen wir uns zu dritt wieder. Ich bin ziemlich aufgeregt, ob ich aufgenommen werde. Frau F. fasst die Ergebnisse kurz zusammen und kommt zu dem Schluss: „Frau Hesse, wenn Sie wollen, können Sie für eine Therapie zu uns kommen. Wie Sie wissen, liegt der Erfolg bei achtzig Prozent, aber wir können natürlich für nichts garantieren."

„Aber was passiert in der Therapie?", frage ich nach. „Ich bin Ihre Therapeutin und betreue Sie die ganze Zeit über. Ich arbeite auch das Programm für Sie aus, das speziell auf Ihre Ängste zugeschnitten ist. Anfangs gehe ich mit in belastende Situationen, später machen Sie das allein", erklärt Fau F. Ich frage konkreter nach. „Stellen Sie sich vor, Sie stehen in einem Kaufhaus an der Kasse. Es ist voll, warm, und plötzlich gehen auch noch die Eingangstüren zu. Sie wissen nicht, wann Sie da wieder herauskommen, Sie können auch nicht den Mantel ausziehen oder mit irgend jemandem sprechen. Das kann Stunden, Tage dauern. Solche Situationen müssen Sie aushalten." Weiß Frau F. eigentlich, was für ein Horrorszenario sie da skizziert? Allein bei dem Gedanken wird mir schon ganz anders. Harald gibt zu, dass sogar ihm mulmig zumute ist. Ich spüre eine unendlich große Angst vor dem, was da möglicherweise auf mich zukommt. Aber ich spüre auch, dass ich diese Chance nutzen muss und fühle meine Vorahnungen bestätigt: Entweder schaffe ich diese Hölle oder ich lande in einem Landeskrankenhaus. Davon bin ich felsenfest überzeugt. „Kann ich da verrückt werden? Hatten Sie schon einmal einen Patienten, der dann in die Psychiatrie eingeliefert werden musste?"

„Nein, bisher haben wir noch niemanden eingeliefert, aber das kann passieren. Alles kann passieren. Sie müssen bereit sein, mit allem zu rechnen. Sie müssen alles in Kauf nehmen. Frau Hesse, Sie können sich ja auch zu Hause in Ruhe die einzelnen Punkte noch einmal durch den Kopf gehen lassen und mich dann anrufen", schlägt Frau F. vor. „Nein, nein. Ich möchte am liebsten gleich hierbleiben. Meine Not ist so unbeschreiblich groß. So wie jetzt ist das ja kein Leben mehr. Kann ich nicht gleich bleiben?"

„Bis Ende Januar bin ich voll ausgebucht. Aber dann können wir Sie für zwei bis drei Wochen vormerken", schlägt sie vor. Zu einem früheren Zeitpunkt geht es nur, wenn jemand abspringt.

Dann zeigt Frau F. uns noch die Räumlichkeiten. Das Haus ist erst seit einem Jahr fertig, die nobel eingerichteten Einzelzimmer haben Bad, Balkon, TV und Telefon. Im Erdgeschoss gibt es eine Caféteria, die den ganzen Tag geöffnet ist und auch Mahlzeiten mit Menüauswahl anbietet. Es ist wie ein Hotel, nicht wie eine Klinik. Gegen 16 Uhr machen Harald und ich uns auf den langen Weg nach München. Wir sind beide erschöpft. Im Auto lassen wir die Ereignisse noch einmal Revue passieren. Ich habe das Gefühl, dass diese Therapie meines Rätsels Lösung ist. Etwa zwei Autostunden vor München rufen wir bei der Ersatzoma an, bei der Anna Lea übernachtet hat. Wie gut, dass es liebe Menschen gibt, auf die wir uns verlassen können. Für Anna Lea wäre diese Fahrerei hin und zurück ja nur Strapaze gewesen.

Seit Münster befinde ich mich in einer merkwürdigen Gefühlslage: Auf der einen Seite bin ich euphorisch und ein wenig stolz, weil ich mich für diese Therapie entschieden habe und fast sicher bin, dass sie mir bei einer Erfolgsquote von achtzig Prozent endlich meinen Seelenfrieden bringt. Auf der anderen Seite habe ich Angst, weil ich denke – entweder ich packe das oder ich springe vom Kölner Dom. Leben oder Tod. Schwarz oder Weiß. An Zwischentöne denke ich nicht.

Das Jahr neigt sich dem Ende zu. Inzwischen liegen zweieinhalb Jahre Kampf hinter mir – und auch dieses Jahr entlässt mich nicht ohne weiteres. Ende Dezember sind wir noch mit Freunden im Kabarett von Thomas Freitag, sitzen extra weit hinten. Als aber das Licht ausgeht, die Türen geschlossen werden, kommt solch eine Platzangst in mir auf, dass ich nach einer weiteren Viertelstunde meine Sachen nehme und mehr oder weniger fluchtartig die Vorstellung verlasse. „Mir geht es nicht so gut. Ich fahre mit unserem Auto nach Hause. Harald, du kannst ja mit den anderen fahren. Mach dir keine Sorgen, draußen geht es bestimmt wieder besser", erkläre ich hastig. Die anderen gucken mir ungläubig hinterher. Als ich vor der Tür stehe und tief Luft hole, entspannen sich meine Muskeln, ich werde langsam ruhiger. Silvester kommen gute Freunde von uns mit ihrem Sohn zum Abendessen. Wir haben ein Menü vorbereitet, die Kinder spielen und toben ausgelassen herum. Ich bin so bedrückt und gefangen, habe ständig Angst vor der Angst, einen Kloß im Hals. Es ist fürchterlich. Warum nur? Ich finde einfach keinen Grund. Als um 1.30 Uhr alles vorbei ist, bin ich nur froh. Prost Neujahr. Das fängt ja gut an.

Das vierte Jahr: Es gibt nicht nur Schwarz oder Weiß

„Des Lebens Ruf an uns wird niemals enden … Wohlan denn, Herz, nimm Abschied und gesunde."   Hermann Hesse

Aufenthalt im Christoph-Dornier-Centrum in Münster

Das neue Jahr ist da. Jeden Tag hoffe ich auf eine Nachricht aus Münster, dass ich doch eher mit der Therapie beginnen kann. Bis zu 12 000 Mark wird der gesamte Aufenthalt kosten; außer für die Unterbringung und Stunden mit der Therapeutin muss ich ja auch noch für mich und die Therapeutin Fahrtkosten, Eintrittsgelder und externe Übernachtungskosten zahlen, die im Rahmen der Therapieaufgaben anfallen.

Ich rufe verschiedene Zeitschriften an, ob Interesse über eine Berichterstattung besteht. So will ich die Finanzierung sichern. Aber das Thema ist leider kurz zuvor in vielen Medien abgefeiert worden. Und mit einem Fernsehsender möchte ich nicht arbeiten, nicht auf Schritt und Tritt während der Therapie verfolgt werden. Vielleicht kann ich mich dann nicht genug konzentrieren – und vertue meine Chance. Aber es war zumindest einen Versuch wert.

Dann kommt der Anruf aus Münster: Es bleibt bei dem Termin Ende Januar, morgens um neun Uhr werde ich von Frau F. erwartet. Sofort rufe ich Haralds Mutter an, sie will in der Zeit meiner Abwesenheit kommen. Anna Lea ist bei ihr auf jeden Fall in allerbesten Händen, das ist für mich eine ungeheure Beruhigung. Unsere Tochter bereite ich langsam auf meine Abwesenheit vor, erzähle ihr immer wieder, dass ich wegen Bauchschmerzen bald ins Krankenhaus muss. „Aber dann können wir dich ja da jeden Tag besuchen", antwortet sie logisch. In ihrem Bilderbuch liegt das Krankenhaus nicht 750 Kilometer entfernt. Ich habe ein wunderschönes Buch gefunden: „Ich will meine Mami!" (Verlag Sauerländer). Drei Eulenkinder werden nachts wach und warten ängstlich auf ihre Mami. Als diese endlich wiederkommt, sagt sie: „Warum seid ihr denn so aufgeregt? Ihr wisst doch, dass ich immer wieder zurückkomme." Das lese ich Anna immer und immer wieder vor und erkläre, dass auch ich immer wiederkomme. Ich denke, sie vertraut mir, da ich ihr bisher nie die Unwahrheit gesagt habe.

Zehn Tage vor meinem Abflug gehen Harald und ich noch in die Kinopremiere von Doris Dörries neuestem Film „Keiner liebt mich". Die Bilder bedrücken mich sehr, ich habe massive Angstzustände, kämpfe die ganze Zeit mit mir, ob ich rausgehe. Als dann einer der Schauspieler auf dem Dach eines Hochhauses steht, bin ich felsenfest davon überzeugt: Wenn ich dort stünde, würde ich in den Tod springen. Und in Münster gibt es für mich nur Erfolg oder Tod. Gleichzeitig bin ich über meine Gedanken zutiefst erschrocken. Sie beinhalten in der Konsequenz, an die ich glaube, dass eben auch die Möglichkeit besteht, dass ich nicht mehr zurückkomme. Es ist einfach schrecklich. Unter diesem Eindruck regle ich noch im Vorfeld alle finanziellen Angelegenheiten, stelle sicher, dass Harald Zugriff auf unsere Spareinlagen hat. Dazu gehen wir zusammen zur Sparkasse, denn er muss einiges unterschreiben. Ende des Monats ist es soweit. Anna Lea, Harald und Schwiegermutter bringen mich zum Flughafen, wir trinken noch einen Sekt zusammen und unserer Tochter schenke ich einen großen Bären, der auf sie aufpassen soll. Keine großen Abschiedsszenen, mir ist sowieso mulmig. Auf der einen Seite fühle ich mich wie ein Eroberer, der sein Ziel vor Augen hat. Auf der anderen Seite habe ich unendlich große Angst, dass ich in einer der mir bevorstehenden Extremsituationen, mit denen ich in der Therapie konfrontiert werde, ausraste.

Um 19.05 Uhr startet die Maschine Richtung Münster. Meine Schwester Brigitte holt mich vom Flughafen ab, ich verbringe die

Zeit bis zum Montagmorgen bei ihr. Interessanterweise verläuft der Flug ohne Platzangst, ich fühle mich gut. Wird bei mir doch nur alles über den Kopf gesteuert? Rede ich mich in die Panikzustände hinein? Will ich dadurch auf mich aufmerksam machen? Ich weiß es einfach nicht, will aber auch nicht glauben, dass ich mich unbewusst selber in diese schrecklichen Situationen katapultiere.

Erster Tag: Morgens fahre ich mit dem Taxi zum Christoph-Dornier-Centrum und bin doch ganz schön nervös. Der erste Tag ist für die Diagnostik eingeplant. Es geht darum, die angstbesetzten Situationen genauer zu beschreiben, meine Symptome zu differenzieren usw. Außerdem erklärt Frau F. mir theoretisch das Expositionsmodell. In Angstsituationen muss ich meine Angst selbst so verstärken, dass sie weiter ansteigt und dann aufgrund der Erschöpfung wieder abfällt, wenn sie den Zenit – die Skala geht von 1 bis 10 – erreicht hat. Anfangs begleitet mich die Therapeutin, hilft mir, die Angst zu verstärken, später gehe ich dann allein in solche Situationen und wende die erlernte Technik an. Das ist alles noch so theoretisch, leuchtet mir vom Prinzip her zwar ein, liegt in der Praxis aber noch außerhalb meiner Vorstellungskraft.

Ich bin ziemlich aufgewühlt und erschöpft. Habe in der vergangenen Nacht kaum geschlafen und bin jetzt voller Erwartung. Abends treffe ich mich mit meiner langjährigen Freundin Berna in einem gemütlichen Münsteraner Lokal, das wir noch aus Studententagen kennen. Ich muss auch eine Kleinigkeit essen, mir ist schon schlecht vor Hunger. „Was machst du denn genau während der Therapie?", fragt sie mich interessiert. „Das weiß ich nicht. Ich soll mich auf alles einstellen, kann mir aber unter dieser Aussage nichts Konkretes vorstellen. Im Prinzip geht es darum zu lernen, meine Angst in den Griff zu bekommen."

„Sehen wir uns morgen wieder? Wir können ja ins Kino gehen", schlägt Berna vor. Aber ich kann und will mich nicht festlegen. Ich muss diese Tage hier nutzen, habe keine Ahnung, was da mit mir und in mir wohl passieren mag. Wir verabschieden uns bald, ich möchte etwas Zeit für mich haben und alles noch einmal Revue passieren lassen. Was wohl der morgige Tag bringen wird?

Zweiter Tag: Zum Frühstücken gehe ich in die Caféteria, wo bereits einige andere Patienten zusammensitzen. Meine Blicke schweifen über die anderen „Kranken", schon ein komisches Gefühl. Die meisten sind zwischen Mitte zwanzig und Mitte dreißig, mehr Frauen als Männer. Eigentlich will ich mit niemandem reden, weil ich weiß, dass mich Befürchtungen und negative Schilderungen anderer Menschen nicht kalt lassen, sondern aufpuschen. Aber es interessiert mich natürlich auch, wie alles hier so abläuft. Ich frage eine junge Frau, ob ich mich zu ihr setzen darf. Wir kommen ins Gespräch und ich erfahre, dass sie schon lange Jahre unter Essstörungen, unter Bulimie leidet, bereits einige Therapien ausprobiert hat. „Die meisten hier sind Angstpatienten", erklärt sie mir. „Die müssen ganz verrückte Dinge machen, gestern ist der Bernd zum Beispiel nach München geflogen und hat dort übernachtet. Die Frau am Nebentisch war den ganzen Tag im Hallenbad." „Wieso im Hallenbad?", frage ich erstaunt. „Weil sie dort immer Panikattacken bekommt. Ach, ich bin auch gespannt, was meine Therapeutin heute mit mir macht. Vielleicht muss ich mich ja wieder vor den Spiegel stellen und meinen Körper begutachten." Sie erklärt mir ein wenig ihr Krankheitsbild. Aber ich höre nur mit einem halben Ohr zu, schnappe Gesprächsfetzen von den Nebentischen auf, höre Lachen und sehe erwartungsvolle Gesichter. Alle scheinen im Ungewissen, was der Tag bringen wird. Das ist wohl ein Teil des Gesamtkonzepts.

Um 9.30 Uhr bin ich mit meiner Therapeutin auf meinem Zimmer verabredet. „Kommen Sie gleich mit", fordert sie mich auf. Wir gehen ein Stockwerk höher. „Ich schließe Sie jetzt hier in der Dunkelkammer ein. Dann gehe ich weg. Sie wissen nicht, wann und ob ich wiederkomme, niemand hört Sie hier und kümmert sich um Sie. Steigern Sie sich in Ihre Angst hinein und beobachten Sie sich dabei", erklärt Frau F. Mir wird ganz anders zumute. Unvorstellbar. Ich werde in dieser stockdunklen Kammer eingesperrt. Anfangs setze ich mich auf den harten Teppichboden und warte. Irgendwann habe ich auch das Zeitgefühl völlig verloren und versuche, die Stimmen und Geräusche von draußen wahrzunehmen. Wie lange muss ich wohl hier bleiben? Ich spüre, wie die Angst sich langsam ausbreitet. Mir wird eng, mein Hals schnürt sich zu. Irgendwann muss ich schreien, schreien, schreien „Ich will hier raus. Macht die Tür auf." Weinend sitze ich auf dem Boden. „Frau Hesse, waren Sie auf der Skala bei 10?", höre ich die Stimme von Frau F. „Nein, ich habe zwar Platzangst, aber bei 10 bin ich nicht." Ich weiß, dass ich den Zenit noch nicht erreicht habe, schon wesentlich schlimmere Situationen erleben musste. „Verstärken Sie sich, Sie kommen da nie wieder raus, die Luft wird immer schlechter, alle gehen nach Hause. Aber Sie müssen bleiben", bringt Frau F. mir das Prinzip noch einmal näher. Dann versuche ich, mich in die Panik reinzusteigern. Es gelingt. Ich merke, wie ich mich mental hochpuschen kann. Ich schreie und schreie. Irgendwann wird die Tür aufgeschlossen, meine Augen sind total lichtempfindlich, ich kann mich nur langsam orientieren. Wir gehen in mein Zimmer und reden über meine Empfindungen während dieser Zeit. Es waren anderthalb Stunden.

„Packen Sie jetzt ein paar Sachen zusammen. Wir fahren weg", überrascht mich Frau F. „Wann kommen wir wieder?"

„Das kann ich jetzt noch nicht sagen. Ein, zwei, drei Tage – keine Ahnung. Wir treffen uns in zwanzig Minuten unten." Und weg ist sie. Ich rufe schnell Harald im Büro an, damit er sich keine Sorgen macht, wenn er mich telefonisch nicht erreichen kann. Schnell Waschzeug und ein paar Sachen einpacken, die Zeit ist knapp, gleich muss ich unten sein.

Wir machen uns auf den Weg zum Bahnhof, reden über dies und das.

Nein, eine Bahncard will ich mir nicht kaufen. Das lohnt sich doch nicht, denke ich. Sonst fahre ich ja nicht mit der Bahn. Am Bahnhof angekommen, schaut Frau F. schnell auf die Abfahrtszeiten, ich weiß noch nicht, wohin die Reise geht. Sie löst die Tickets, ich soll ihr später das Geld geben. Soll nicht wissen, wie lange wir im Zug sitzen, sondern in dieser unsicheren Situation meine Ängste hochkommen lassen. Aber irgendwie habe ich doch mitbekommen, dass die Reise nach Köln geht. Im Zug soll ich mich wieder in die Panik reinsteigen, Frau F. verlässt mich für ungewisse Zeit: „Ich kann hier nicht raus. Ich muss stundenlang im Zug sitzen. Frau F. ist weg, was passiert, wenn sie nicht wiederkommt?" Mit solchen und ähnlichen Gedanken versuche ich, Angstgefühle zu erzeugen, aber über 3 bis 4 auf der Skala komme ich nicht. Kurz vor Köln ist die Therapeutin wieder da. Am Bahnhof schließen wir das Gepäck ein. Es ist schon irgendwie aufregend, mehr wie ein Spiel, finde ich. Aber nur kurzfristig. Denn jetzt soll ich die Stufen zum Kölner Dom raufsteigen. Furchtbar. Immer höher und höher, ich sehe die Menschen unten immer kleiner werden, klammere mich am Treppengeländer fest. Aber ich weiß: Ich muss hoch. Denn ein weiterer Grundsatz dieser Therapie besagt: Wenn ich eine Aufgabe abbreche, muss ich sie so lange versuchen, bis sie klappt, bis ich die Angst überwinde, besiege. Tränenüberströmt quäle ich mich Schritt für Schritt weiter nach oben. Es ist mir völlig egal, was an mir vorbeigehende Menschen denken. Ich muss hier hoch und verspüre dabei den Sog, mich in die Tiefe zu stürzen. Einfach über das Geländer – und alles ist aus und vorbei. Ich denke an Anna Lea und Harald und höre hinter mir die Stimme: „Ja, gleich springen Sie runter vom Kölner Dom. Nichts hält Sie mehr hier. Springen Sie doch." – „Ich habe solche Angst, dass ich es tue. Helfen Sie mir!", flehe ich Frau F. an. „Jetzt gehen wir bis ganz nach oben. Sie können jederzeit springen. Sie können sich was antun. Sie können ganz tief hinunterstürzen." Und zwischendurch immer wieder die Frage? „Wo ist Ihre Angst jetzt?" Als ich endlich oben bin, weiß ich nicht mehr, wie ich es eigentlich geschafft habe. Hier ist alles rundum vergittert. Ich weine vor Erschöpfung. Frau F. insistiert: „Gucken Sie herunter. Steigern Sie Ihre Angst." Aber ich bin zu erschöpft, um mich noch weiter hineinsteigern zu können. Wir bleiben eine Weile oben, dann geht's den ganzen Weg zurück. Ich habe die Stufen nicht gezählt, aber es waren unendlich viele – und meine Kondition ist zugegebenermaßen auch nicht die beste. Unten angekommen, geht es weiter. Ich folge Frau F. durch die Stadt, zielstrebig steuert sie ein großes Kaufhaus an. Wir fahren zusammen mit der Rolltreppe ins Restaurant, wo sie sich gleich verabschiedet. „Ich lasse Sie jetzt hier allein und komme irgendwann wieder. Denken Sie daran: Steigern Sie Ihre Angst." Und weg ist sie. Ich kriege kaum einen Bissen herunter, muss die ganzen Eindrücke dieses Tages erst einmal verdauen. Eigentlich macht es mir auch nichts aus, zwischen diesen vielen Menschen zu sitzen. Ich glaube, ich bin einfach zu kaputt.

Irgendwann kommt meine Therapeutin wieder. Wir machen uns auf den Weg in die Sportabteilung im vierten Stock. „Bleiben Sie jetzt hier. Zu jeder vollen Stunde ist unser Treffpunkt dort an der Rolltreppe. Irgendwann bin ich dann wieder da", entlässt sie mich. Anfangs schlendere ich durch das vierte Stockwerk, schaue mir alle möglichen Klamotten an. Als es mir langweilig wird, überlege ich sogar, ob ich nicht doch etwas kaufen soll. Nach einer Weile merke ich, dass die Verkäufer mich beobachten und sich wohl wundern, warum ich hier herumschleiche. Immer wieder schaue ich auf die Uhr, gehe zum vereinbarten Treffpunkt. Dann versuche ich, mich in meine Angst hineinzusteigern, aber es gelingt mir nicht, lediglich der altbekannte Schwindel regt sich ein bisschen. Ich lehne mich weit über die Brüstung, schaue auf die Rolltreppen und vom vierten Stock ins Erdgeschoss – aber in mir rührt sich nichts. Ich bin froh, als Frau F. nach zwei Stunden kommt und mich erlöst. „Das war ganz schön langweilig hier", erzähle ich sofort. Sie guckt mich erstaunt an: „Waren Sie etwa die ganze Zeit hier oben?" Ich nicke. „Da haben wir uns falsch verstanden. Ich dachte, Sie bewegen sich im ganzen Kaufhaus, nicht nur hier oben. Sie haben doch erzählt, dass Ihnen im Kaufhaus eng und schwindlig wird. Dann machen wir die Übung später noch mal. Wie weit waren Sie auf der Skala?"

„Vielleicht bis 3. Ich glaube, ich bin einfach zu erschöpft und zu müde."

„Wir kaufen jetzt U-Bahn-Karten und fahren ein Stück gemeinsam", erklärt mir Frau F. Ich soll vorgehen. Plötzlich steht sie in der U-Bahn auf, um mir zu sagen, dass sie jetzt aussteigt und wir uns in einer Stunde am Dom treffen. Ich soll durch die Gegend fahren. Und es geht. Zwar fühle ich mich etwas verloren, aber das liegt auch daran, dass ich seit Anna Leas Geburt nicht mehr alleine unterwegs war, es einfach nicht mehr gewohnt bin. Ich berichte Frau F. am Abend davon.

„Jetzt geht's zur Zimmervermittlung, wir suchen für Sie eine Übernachtungsmöglichkeit. Wir bleiben heute Nacht in Köln", erklärt Frau F. ganz locker. Ich bin wie vom Donner gerührt. Seit ewigen Zeiten habe ich nicht mehr alleine übernachtet. Mir graust. Frau F. übernachtet bei Freunden. Wir buchen eine Übernachtung für 115 Mark in einem Hotel nahe dem Hauptbahnhof, holen unser Gepäck ab und verabschieden uns vor meiner Unterkunft. „Einen schönen Abend wünsche ich Ihnen. Vielleicht gehen Sie noch mal in den Kinofilm „Keiner liebt mich", in dem Sie solche Angstzustände hatten. Da können Sie üben. Und überhaupt gilt: üben, üben, üben. Sollte es heute Nacht Probleme geben, können Sie im Notfall in Münster im Christoph-Dornier-Centrum anrufen. Morgen früh treffen wir uns um 9.30 Uhr im Café am Dom." Wir verabschieden uns, ich inspiziere meine Unterkunft. Es ist ein kleines, schmuddeliges Zimmer, der Vorhang am Fenster halb herunter gerissen, Flecken auf dem Handtuch, das Bad alt. Vielleicht hätte ich nicht aufs Geld gucken sollen. Aber wer weiß, was alles noch an Ausgaben auf mich zukommt. Dann lege ich mich aufs Bett, rufe Harald an und erzähle, was der erste Tag so alles gebracht hat. Zu Hause mit Oma ist Gott sei Dank alles in Ordnung. Anna Lea sagt mir Hallo und als ich zarte Stimme höre, wird mir ganz warm ums Herz. Ja, ich werde weiter kämpfen. Ich habe allen Grund, glücklich und zufrieden zu sein, selbst wenn ich eine schwere Kindheit hatte. Irgendwann muss mit dem Dämon Schluss sein.

Eine halbe Stunde später bin ich schon auf dem Weg ins Kino. Voller Elan. Es ist kurz vor 19 Uhr, die Einkaufsstraßen zeigen die Spuren eines geschäftigen Tages, nur wenige Menschen sind unterwegs. Schon komisch, hier so allein mitten in Köln. Ich muss durch den Hauptbahnhof, werde angebettelt und angesprochen und bin froh, als ich endlich im Kino sitze. Diesen blöden Film ein zweites Mal anschauen? Na gut, ich will ja üben. Die Szenen auf dem Dach rühren mich nicht mehr. Ich bin müde, habe auch keine Kraft, mich in die Angst hineinzusteigern und bin froh, als ich später im Bett liege.

Aber was ist nur los mit mir? Ich komme nicht zur Ruhe, der Tag hat mich aufgewühlt. Langsam steigt Panik in mir auf. Ich liege hier in diesem schmuddeligen kleinen Hotel, unten der Nachtportier. Wo ist Frau F.? Soll ich in Münster im Centrum anrufen? Oder Harald? Mir wird immer enger und enger ums Herz. Ich bin unruhig, wirre Gedanken lassen mich nicht los. Aber was ist das? Das Telefon ist tot. Ich werde panisch. Was wird hier gespielt? Hat Frau F. das veranlasst? Im Schlafanzug laufe ich die Treppe hinunter und benachrichtige den Nachtportier. Der schaut nach, kann aber auch die Ursache nicht finden. „Sie können ja unten bei mir telefonieren", bietet er mir freundlicherweise an. Das geht doch nicht. Ich kann doch nicht in seinem Beisein mit Harald über mich sprechen. Ich bin wieder allein. Steigere mich in die schlimmsten Vorstellungen hinein, bis ich irgendwann völlig erschöpft einschlafe.

Dritter Tag: Um 7.30 Uhr klingelt der Wecker. Völlig gerädert, versuche ich sofort, Harald anzurufen. Das Telefon funktioniert. Komisch. Harald versucht mich zu beruhigen, als ich ihm von der schrecklichen Nacht erzähle. „Das nächste Mal gehst du in ein gutes Hotel. Und wirf nicht immer sofort die Flinte ins Korn. Ich liebe dich." Wie gut es tut, seine Stimme zu hören und Zuspruch zu erfahren. Eigentlich soll ich nicht telefonieren, um eben keine Streicheleinheiten zu bekommen, sondern knallhart immer wieder mit meinen Ängsten konfrontiert zu werden. Im Café am Dom kann ich dann die Tränen nicht mehr aufhalten. Bin völlig fertig und enttäuscht von mir. „Ich schaffe das nicht. Ich höre besser sofort auf. Für mich ist das wohl nicht das Richtige", sprudelt es aus mir heraus.

Frau F. wird energisch. „Sie stehen auf dieser Straße und haben zwei Möglichkeiten. Entweder gehen Sie wie gewohnt geradeaus und flüchten ins Bett oder Sie biegen rechts ab und kämpfen. Das ist allein Ihre Entscheidung." Es dauert noch eine Zeit, bis meine Tränen versiegen. Ich fühle mich so klein und hilflos, so elend und allein. Ich bin so enttäuscht von mir nach dieser Nacht. Aber ich entscheide mich letztlich fürs Weitermachen. Dann geht es noch einmal auf den Kölner Dom. Es ist zwar immer noch sehr anstrengend, sowohl konditionsmäßig als auch psychisch, aber es geht viel besser als gestern. Ich bin ein klein wenig stolz auf mich. Wir fahren weiter mit dem Zug – nach Frankfurt. Aufzug fahren steht auf dem Programm. Leider lassen uns die Banken nicht in ihre Hochhäuser rein, Sicherheitsvorschriften. Aber wir finden einen netten Angestellten, der mit uns ein paarmal in den 35. Stock fährt. Aufs Dach dürfen wir aber nicht. Das nächste Ziel ist die Uni Frankfurt. Dort soll ich so lange mit dem klapprigen Aufzug rauf in den 39. Stock und wieder runterfahren, bis ich es ohne Ängste schaffe. Das macht mir nicht so viele Probleme, obwohl das alte Ding ständig ruckelt. Dann geht's zur Zeil, einem großen Einkaufskomplex mit vielen Geschäften unter einem Dach. Irgendwie kommt es mir heute vor wie ein Ausflug. Ich bin ganz locker und von Panik keine Spur. Jetzt soll ich mich vor allem mit dem gläsernen Aufzug anfreunden. Erst fahren wir zusammen rauf und runter, steigen oben im sechsten Stock aus und schauen von der Dachterrasse nach unten. Wieder verspüre ich diesen Sog nach unten, Tränen schießen mir in die Augen, Frau F. verstärkt. „Ja, Sie springen. Sie klettern auf die Brüstung und springen nach unten. Vielleicht kommen Sie dann in die Psychiatrie."

Und sie fragt: „Wie könnte ich die Situation für Sie noch verschlimmern?" – „Wenn Sie mich allein lassen." Sie geht tatsächlich weg, ich stehe allein mit meinen Ängsten. Es ist schrecklich, die Angst klettert hoch auf schätzungsweise 7 in der Skala. Als sie abflaut, gehe ich wieder rein, stehe oben am Geländer und schaue auf die vielen Menschen unter mir. Nur ein kleiner Schubs, und ich wäre tot. Wieder das gleiche Spiel. Frau F. verstärkt, aber mehr als 6 schaffe ich nicht. Im Dachterrassencafé trinken wir etwas. Eine Pause – denke ich. Ich habe auch ein wenig die Hoffnung, dass jetzt für heute Schluss ist, bin völlig fertig. „Kaffee ist gut, das puscht Sie noch auf. Trinken Sie ruhig noch eine Tasse", so Frau F. Es geht weiter. Wir fahren zusammen in dem gläsernen Aufzug ein paarmal auf und ab. Mir wird ganz anders, ich darf gar nicht runtergucken, soll es aber, soll mich in Horrorvisionen hineinsteigern. Es ist unbeschreiblich schrecklich. Selbstmörderisch. Masochistisch. Dann steigt Frau F. aus: „Fahren Sie jetzt so lange, bis Sie keinerlei Angst mehr haben. Dann bummeln Sie noch durch die Geschäfte und wir treffen uns um 18 Uhr am Ausgang." Alles klar. Ich fahre und fahre. Treffe natürlich immer mal wieder auf Menschen, die mich erstaunt angucken, weil sie mich schon mehrmals im Aufzug gesehen haben. „Macht das Aufzug fahren Spaß?", fragt mich ein junges Mädchen, als nur wir beide im Aufzug sind. „Nein, aber ich habe Angst davor und muss es deswegen üben", erkläre ich freimütig.

Abends fahren wir zur Rushhour mit der U-Bahn nach Friedberg bei Frankfurt. Aber wenn Frau F. bei mir ist, kommt selten Angst auf. Das ist ja zu Hause mit Harald oder Anna Lea ähnlich. In Friedberg ist ein Zimmer für mich bestellt, Frau F. übernachtet bei Freunden. Wieder ein Tag geschafft, nach dem Essen ein kurzes Telefonat mit meiner Familie und dann ab ins Bett.

Übrigens stand heute in der Zeitung, dass wegen Hochwasser gestern Nacht in Köln die Telefonleitungen zum größten Teil ausgefallen sind… Und ich habe gleich an eine Verschwörung gedacht.

Vierter Tag: Zuversichtlich und fast fröhlich wache ich auf, wir treffen uns wie vereinbart am Bahnhof in Friedberg. Es regnet mal wieder – wie so oft in den letzten Tagen. Wir fahren mit der U-Bahn zurück nach Frankfurt. Ich soll wieder allein im Kaufhaus herumlaufen. Eine Stunde. Das ist eine harte Zeit. Immer wieder wird mir schwindlig, ich muss mich setzen, soll aber dann in diesen Situationen bleiben und meine Angst steigern. Ständig habe ich das Gefühl, beobachtet zu werden, was mir heute recht unangenehm ist. Die Angst geht nicht weg, mir wird übel, Fluchtgedanken bewegen mich: „Du musst hier drinnen bleiben. Wer weiß, wann du wieder hier rauskommst", verstärke ich mich. Immer mehr Menschen strömen an mir vorbei, ich halte mich an einem Kleiderständer fest, kann diese Massen nicht mehr ertragen. Fluchtartig verlasse ich das Kaufhaus.

Frau F. ist nicht zufrieden mit mir, verständlicherweise. „Ich fahre jetzt nach Münster. Sie, Frau Hesse, gehen noch mal zurück ins Kaufhaus. Bleiben dort so lange, bis Sie das Gefühl haben, stundenlang bleiben zu können, ohne dass es Ihnen was ausmacht. Dann fahren Sie noch mal in der Zeil mit dem Aufzug und am Abend mit dem Zug nach Münster zurück. Wir treffen uns dann morgen früh um 9.30 Uhr in Ihrem Zimmer." Ob ich das schaffe? Zweifel kommen in mir hoch, ich möchte einem Impuls folgen und Frau F. nachlaufen, nicht so allein in dieser anonymen Menschenmenge sein. Und wenn ich jetzt tot umfalle oder durchdrehe oder schreie? Was passiert dann? Aber Quatsch, früher war ich doch auch alleine in fremden Städten. Und zwar gerne und ohne Probleme. Ja, früher war eben alles anders. Und ganz vorsichtig und eher halbherzig mache ich die gestellten Therapieaufgaben. Und bin unendlich froh, als ich abends gegen 20 Uhr in Münster ankomme und mein Gepäck durch die dunklen Straßen zum Christoph-Dornier-Centrum schleppe.

Fünfter Tag: Morgens bei der Besprechung erzähle ich, was ich gelernt habe, wie es mir geht. Ich habe nicht das Gefühl, dass die Methode bei mir so wunderbar anschlägt, vielleicht bin ich wirklich ein hoffnungsloser Fall. Aber was habe ich eigentlich erwartet? Dass von heute auf morgen alles in Ordnung ist? Ja, irgendwie schon. Nach der Berichterstattung in den verschiedenen Medien habe ich diesen Eindruck gewonnen: entweder ja oder nein, schwarz oder weiß, gesund oder krank.

An diesem Tag erkunde ich die Stadt meiner Studentenzeit, gehe in das Wohnheim am Aasee, bummle durch die Straßen und treffe mittags einen alten Schulfreund. Mir ist schwindlig, das lässt mich einfach nicht los. „Verstärken Sie den Schwindel, dann hört er irgendwann auf", rät Frau F. immer wieder. Irgendwie klappt das nicht bei mir. Auch im Kaufhaus will ich nicht länger als nötig bleiben. Aber diese ganz massiven Angstzustände wie in München kenne ich hier nicht. Wieso bloß? Wenn ich mich nur besser verstehen könnte. Ich fühle mich zum ersten Mal nach langer Zeit relativ frei – innerlich und äußerlich. Als ich mich abends mit meiner Freundin Berna treffe, bin ich ganz aufgeräumt und zuversichtlich. Fürs Wochenende ist ein Ausflug nach Hamburg zu meiner Freundin Silke geplant. Noch vor ein paar Wochen hätte ich mir das nicht allein zugetraut.

Sechster Tag: Auf nach Hamburg. Ich komme mir vor wie ein Kosmopolit, dass ich mich so frei bewegen kann. Unvorstellbar für jemanden, der diese inneren Zwänge und Ängste nicht kennt. Beim Frühstück rede ich noch mit einigen anderen Patienten. Einer hat sogar sein Auto verkauft, um diese Therapie bezahlen zu können. Ein anderer hat zehn Jahre im Verborgenen gelitten, nach dem Motto „Ein Mann kennt keine Schwächen", und ist jetzt total erleichtert. Jeder erzählt von seinen individuellen Therapieaufgaben. Es ist schon interessant, wie unterschiedlich diese Angstzustände und Panikattacken auftreten. Eine Frau in meinem Alter kann beispielsweise nicht mit ihren drei Kindern im Auto fahren, ohne dass ihre Angstsymptome auftreten. Eine andere wiederum geht nicht ohne ihren Freund aus dem Haus, er bringt sie sogar zur Arbeit. Alle sind hinsichtlich dieser Therapie zuversichtlich, ich scheine in diesem Kreise mit meiner Skepsis allein zu sein.

In Hamburg angekommen, die Zugfahrt ist relativ problemlos, treffe ich mich mit Frau F., die sich privat in der Hansestadt aufhält. Wir besprechen den gestrigen Tag, die Bahnfahrt und das weitere Vorgehen. Rauf auf den Hamburger Michel, enge schmale Stufen. Der Turm wird gerade restauriert, überall Gerüste, abgedeckte Flächen. Es kostet mich viel innere Kraft und Kondition. Manchmal habe ich das Gefühl, dass meine Beine auf der Stufe festgeklebt sind, auf keinen Fall weiter nach oben wollen. Und wenn ich dann durch die Gerüste nach unten schaue, wird mir ganz schwummrig. Dann weiter zu den Elbbrücken. Es ist der blanke Horror. Ich bin kurz davor, mich hinunterzustürzen, der innere Drang dazu ist immens stark; ich weine vor Verzweiflung, muss aber so lange oben bleiben, bis die Angst abklingt. Später gehe ich noch einmal ganz allein hoch, schaffe kaum die Stufen, halte mich krampfhaft am Geländer fest: „Ich könnte springen. Ich könnte springen." Während ich das sage, wird mir klar, dass ich wirklich springen könnte. „Könnte" – um diese Möglichkeitsform habe ich meine Therapeutin gebeten. Denn ich bin so pflichtbewusst, dass ich womöglich bei „Springen Sie!" dieser Aufforderung wirklich nachkäme. Nach dieser Therapieaufgabe bin ich sehr erschöpft. Aber es ist noch nicht vorbei. Ein Kaufhausbummel an der Elbchaussee ist angesagt, und während ich mich am verkaufsoffenen Samstag im Gewühl herumdrücke – mit Schwindel und Übelkeit als Begleiter –, ist meine Therapeutin schon wieder unterwegs zu Freunden.

Um 18 Uhr rufe ich dann meine Freundin Silke an, sie holt mich von der U-Bahn ab und wir verbringen einen gemütlichen Abend bei ihr zu Hause. Ich bin trotz der Anstrengungen ziemlich aufgekratzt und so stolz, dass ich ganz alleine hier in Hamburg bin, freue mich fast wie ein kleines Kind.

Siebter Tag: Ich habe gut geschlafen. Doch nach dem Aufwachen kommt der Horror pur. Ich stehe im Bad, über dem Waschbecken gibt es keine Lampe, die Kabel hängen aus der Wand: „Ich könnte mich töten", höre ich meine innere Stimme sagen. Und irgendetwas in mir quält mich: Fass die Kabel an, fass sie doch mit nassen Händen an. Ich bin verzweifelt. Was soll das? Was will es mir sagen? Schnell gehe ich zum Frühstücken nach unten, will alles vergessen. Doch später beim Einpacken der Waschsachen wieder das gleiche Spiel: Zwangsgedanken, die mich tyrannisieren. Ich könnte heulen. Kommt jetzt etwas Neues, das mich quält?, schießt es mir durch den Kopf. Kein normaler Mensch denkt bei aus der Wand hängenden Kabeln an so etwas. Nur psychisch Kranke. Da bin ich ja wieder bei meinem Lieblingsthema, mache mich richtig fertig.

Nach außen zeige ich nichts. Wir fahren auf meinen Wunsch noch einmal zu den Elbbrücken, wo ich die Übung vom Vortag wiederholen möchte. Mit Silke und ihrem achtjährigen Sohn zusammen klappt es allerdings nicht. Erst als ich allein bin, kann ich mich richtig konzentrieren, meine Befürchtungen verstärken und warten, ob und wie die Angst steigt. Aber über 4 komme ich nicht hinaus. Dann bringen mich die beiden zum Zug nach Münster. Freudig und erleichtert fahre ich zurück. Aber was ist das schon wieder? Im Zug drängen sich mir weitere Zwangsgedanken auf: Ich könnte jetzt laut schreien. Ich könnte jetzt den Mann dort blöd anquatschen. Oh nein, ich will meine Ruhe, will meine kleinen Schritte vorwärts genießen. Ich könnte heulen. Hört das denn nie auf?

Abends holt mich meine Schwester ab, wir verbringen zusammen mit ihrer Freundin einen gemütlichen Abend – und ich habe die Negativerlebnisse des Tages verdrängt. „Ich glaube, ich habe es geschafft", verkünde ich euphorisch. „Lasst uns darauf trinken." Wir stoßen mit Sekt an, ich erzähle, was alles so gelaufen ist. Die beiden dämpfen meine Euphorie: „Mir geht es bestens. Schaut mich doch an. Ich komme gerade aus Hamburg, habe in Köln und

Frankfurt meine Therapieaufgaben gelöst und fühle mich gut."
Ein kleiner bitterer Nachgeschmack bleibt, weil die beiden meine
Begeisterung und Zuversicht nicht ganz teilen, lieber vorsichtig sind
und abwarten wollen. Aber das ist mir in diesem Moment egal.

Achter Tag: Morgens nach dem Frühstück gehen Frau F. und ich
zu einer Autovermittlung. Rauf geht's auf die Autobahn. „Immer
geradeaus", weist mich die Therapeutin an. „Am besten sprechen
wir nicht, damit Sie sich ganz auf Ihre Ängste konzentrieren können." Ich fahre schon immer ungern Autobahn, mag es nicht,
wenn die Autos so schnell fahren. Aber in letzter Zeit habe ich
manchmal Angst, mir etwas anzutun, gegen eine Leitplanke zu
fahren oder das Steuer loszulassen. Das habe ich natürlich auch
am Diagnosetag gesagt. Nach einer Weile kommt die obligatori-
sche Frage: „Wie fühlen Sie sich?" – „Es geht. Mir ist schon recht
mulmig. Aber ich kann mich nicht selbst verstärken, nachher passiert was und Sie sitzen mit im Auto." – „Das ist mein Risiko, das
ich immer wieder eingehen muss. Denken Sie nicht daran", versucht Frau F. mich zu beruhigen und fährt fort. „Sie könnten jetzt
jederzeit das Steuer einfach loslassen. Ja, Sie könnten in die Leitplanke fahren. Merken Sie, wie die Angst hochsteigt?" Ja, das merke ich ganz genau. Mir wird elend, Tränen treten mir in die Augen,
ich habe unsagbare Angst, dass ich es tue. Wie ich eben immer in
diesen Situationen Angst habe. Ich denke an Anna Lea. Ich weiß,
dass ich mich nicht beruhigen soll, aber ich muss es tun. Dann
wieder versuche ich, mich weiter in die Angst hineinzusteigern,
immer mehr, immer mehr. Mir wird leicht schwindlig. Ich bin
völlig kaputt.
    Wir fahren Richtung Wuppertal. Langsam sinkt die Anspan-
nung, ich merke, wie meine Muskeln lockerer werden. Mein ganzer Körper ist nicht mehr so gespannt wie ein Drahtseil. Mittlerweile sind wir in Wuppertal angekommen. Für mich kein Ort mit
angenehmen Erinnerungen. Denn ganz in der Nähe, in Dönberg,
war ich mit sieben Jahren schon im Internat bei den Barmherzigen

Schwestern. Durfte nur alle vier Wochen, wenn Fahrsonntag war, nach Hause. Und musste oft genug dort bleiben, weil meine Mutter im Bett lag oder sich sonst irgendetwas ereignet hatte. Das war immer ganz besonders schlimm für mich.

„Halten Sie bitte an. Ich steige hier aus und fahre mit dem Zug zurück nach Münster. Sie fahren noch so lange mit dem Auto herum, bis Sie das Gefühl haben, Sie könnten ewig weiterfahren", höre ich zu meiner Überraschung Frau F. sagen.

Und ehe ich mich versehe, sitze ich allein im Auto und fahre auf der Autobahn Richtung Gütersloh. Ziemlich spontan kommt mir nämlich die Idee, meine Eltern zu besuchen, was ich mir jetzt auch zutraue. Wir sitzen ein wenig zusammen, ich versuche zu erklären, was im Christoph-Dornier-Centrum gemacht wird. „Geht es dir denn besser?", fragt meine Mutter immer wieder. „Ja, ja", beteuere ich und merke, dass sie eigentlich gar nicht versteht, was mit mir los ist und nur möchte, dass alles wieder gut wird. Nur mein Vater scheint zu verstehen, um was es bei der Angstproblematik eigentlich geht. Bald mache ich mich auf den Weg zurück nach Münster. Unterwegs versuche ich, meine Angst noch mal hochzupuschen. Aber vergebens. Ich bin einfach erschöpft. In Münster stelle ich mir selbst noch eine Aufgabe und fahre in ein Parkhaus. Das habe ich in den letzten Monaten überhaupt nicht mehr gemacht und sogar als Beifahrerin Harald immer wieder gebeten, draußen irgendwo zu parken. Im Parkhaus machte sich nämlich ruck, zuck! Platzangst breit. Heute geht es. Gut sogar. Es ist schon 19 Uhr, ich stelle den Wagen ab, werde ihn morgen früh gleich zum Autoverleih zurückbringen. Jetzt will ich schnell noch Anna Lea anrufen. Aber irgendwie liegt München für mich ganz weit weg. Es kommt mir manchmal so vor, als sei ich hier in Münster in eine andere Welt abgetaucht, obwohl der Bezug zur Realität tagtäglich gegeben ist. Aber das Centrum ist auch eine Schutzzone, eine Insel. Da sind andere Menschen mit ähnlichen Problemen, da ist immer ein Therapeut, der mich auffangen kann, und da gibt es keinen Alltag zu bewältigen.

Neunter Tag: Ich erzähle Frau F. alles über den gestrigen Tag, und sie scheint recht zufrieden.

„Aber diese Zwangsgedanken. Woher kommen die, was soll das immer wieder?", frage ich. „Das ist auch eine Art gegen sich selbst gerichtete Aggression. Und tritt manchmal zusammen mit Ängsten und Depressionen auf. Die Strategie ist die Gleiche wie bei Angstzuständen. Verstärken Sie diese Zwangsgedanken immer wieder. Bitte üben Sie das heute. Ich schlage vor, dass Sie jetzt hier in Münster in ein paar Kaufhäuser gehen und jeweils so lange drin bleiben, bis die Angst abgeklungen ist." Das ist eine gute Idee. Gott sei Dank ein etwas ruhigerer Tag. Und ich hoffe, dass mein Schwindel mal nachlässt. „Es kann länger dauern, bis die Symptome ganz abklingen", klärt mich Frau F. auf.

Ich kann in zwei Tagen nach Hause fahren. Soll bis dahin noch so viel wie möglich üben: Kaufhaus, Café, Kino, Bus fahren, was sich eben hier in Münster noch so bietet. Viel ist es eh nicht mehr. Juchhu! Ich kann nach Hause. Bin ganz aufgeregt, als ich durch die Stadt Richtung Kaufhaus gehe, und mit meinen Gedanken viel mehr in der Zukunft als im Jetzt. Die nächsten zwei Tage vergehen mir viel zu langsam. Ich bekomme Heimweh nach Anna Lea und Harald. Bin diese Stadt hier leid, in der es immer nur regnet, seit ich vor fast zehn Tagen angekommen bin. Habe keine Lust mehr, herumzulaufen und jeden Tag diesen Konfrontationsstress zu haben. Ich bin einfach müde. Und auch ein bisschen skeptisch, ob ich in München zurechtkommen werde.

„Ich kann ja noch mal für ein paar Tage kommen, falls ich in München Probleme mit der Angstbewältigung habe." Frau F. zögert und sagt dann: „Irgendwann muss ich es Ihnen ja sagen. Sie sind meine letzte Patientin. Ich habe gekündigt und höre hier auf. Wenn Sie wiederkommen, betreut Sie eine andere Therapeutin." Tränen schießen mir in die Augen. Das ist gemein. Immer ich. Warum werde immer ich verlassen? Mir reicht's. Wie soll mich jemand anders betreuen, der mich gar nicht kennt? Schriftliche Protokolle sagen doch wenig über den Menschen aus. Dass ausgerechnet mir das passiert. „Ich wollte es Ihnen nicht schon am Anfang sagen, sonst hätten Sie vielleicht resigniert. Es tut mir wirklich Leid. Sie können mich auch im Notfall gerne privat anrufen", sagt sie. Und einschränkend: „Wenn es nicht zu oft ist." Das beruhigt mich ein wenig, ich finde es wirklich total nett von ihr. Aber trotzdem muss ich diese Nachricht erstmal verdauen.

Als Anna Lea und Harald mich abholen, freuen wir uns alle sehr, dass wir wieder zusammen sind. Mir kommt es vor, als wäre ich eine Ewigkeit fort gewesen. Es ist halt so viel passiert. Ja, das war's im Christoph-Dornier-Centrum in Münster. Ich lebe noch. Wie? Das wird die Zukunft zeigen.

„Es ist nicht wenig Zeit, die wir haben, es ist viel Zeit, die wir nicht nützen."   *Seneca*

Übung macht den Meister

Ich bin so glücklich, dass die Zeit in Münster vorbei ist. Ich bin so froh, dass es mir so gut geht. Ich bin so zuversichtlich, dass ich es geschafft habe. Ich freue mich, dass nun der Weg für ein zweites Kind frei ist. Jetzt fühle ich mich physisch und psychisch dazu in der Lage, meinen großen Wunsch zu erfüllen. Wir machen uns auf den Weg zu meinen Schwiegereltern, wo wir noch eine Nacht bleiben wollen. Der Opa freut sich auf seine Enkelin, Anna Lea auf Cousine und Cousin. Wir wollen abends Freunde besuchen. Schon im Auto merke ich, wie die Angst leise und langsam in mir hochkriecht. Ich versuche zu ignorieren, denke an eine Täuschung. Aber nach der Ankunft verstärken sich die Symptome: Schwindel, Übelkeit, Unruhe. Das darf doch nicht wahr sein. Ich versuche zu reagieren, die Angst zu verstärken. Aber wie soll das gehen, wenn

Anna Lea um mich herum ist, wenn sie mit mir spielen will. Verzweiflung macht sich breit. Auch abends bei den Freunden wird es nicht besser. Ich will nur endlich nach Hause, nach München. Vielleicht ist es auch einfach zu viel, sofort nach dieser doch aufregenden und vor allen Dingen anstrengenden Zeit. Ich bin traurig, kann das auch beim besten Willen nicht verbergen. Mit vielem habe ich gerechnet, aber damit nicht. Es ist ja so wie vor der Therapie. Um 22 Uhr abends rufe ich wie vereinbart meine Therapeutin an, um ihr zu berichten. „Sie müssen Ihre Angst verstärken, so wie Sie es gelernt haben. Wenn Sie das Prinzip der Exposition nicht anwenden, nutzt es auch nichts. Jetzt sind Sie dran", insistiert Frau F. „Mir ist so schwindlig, so übel, ich bin so unendlich traurig und bedrückt", schluchze ich ins Telefon. „Wollen Sie den alten Weg gehen oder den neuen?", fragt Frau F. provokativ. Natürlich will ich den neuen gehen, aber dieser Rückschlag am ersten Tag haut mich einfach um. Vielleicht wird alles anders, wenn wir wieder in München sind. Aber irgendetwas stimmt hier nicht.

Zurück in München nehme ich mir fest vor, jede Woche ein bis zwei Vormittage zu üben. Ich will auf den Olympiaturm, U-Bahn fahren, mich ins Kaufhausgewühl stürzen und und und. Gleich in der ersten Woche mache ich mich auf den Weg. Das soll doch nicht alles für die Katz gewesen sein. Rund 13 000 Mark hat der gesamte Aufenthalt gekostet, davon trägt die Kasse rund 5000 Mark, der Rest bleibt für meine Eltern und uns. Ich fahre mit der U-Bahn in die Stadt zum Marienplatz. Alles geht wunderbar, dann steige ich auf den Alten Peter, Stufe für Stufe erklimme ich den hohen Kirchturm, versuche meine Angst zu puschen. Aber es passiert nichts. Es geht mir gut. Bin ich doch geheilt oder bin ich so schlau, dass ich mich austrickse? Gleich am ersten Wochenende zurück in München bin ich auf einer Hutparty eingeladen. Eine meiner Schwägerinnen veranstaltet sie regelmäßig und lädt Freundinnen zum Feiern mit Hut ein. Ich freue mich über die Einladung, aber als ich dort bin, kommen schon wieder die alten Symptome in mir hoch. Ich versuche, mich durch Gespräche abzulenken. Nur nicht daran denken, es geht schon vorbei. Schließlich will ich ja ein zweites Kind. Bedrückt und traurig, mit einem großen Kloß im Hals und Schmerzen im Brustbereich fahre ich spätabends nach Hause. Ich breche als Erste auf, brauche einfach Ruhe, um über alles nachzudenken.

Ach ja, mein Job. Im Büro soll ich natürlich auch üben, mir keine Fluchtwege schaffen, sondern in den Situationen bleiben – so wie ich es in Münster gelernt habe. Auf Nachfrage erfahre ich, dass mein Vertrag nach der Probezeit nicht verlängert wird. Auf der einen Seite bin ich froh, weil ich gemerkt habe, dass es nicht der Job außer Haus ist, der mir fehlt, damit es mir besser geht. Auf der anderen Seite bin ich auch ein wenig gekränkt, weil man mich dort einfach unmöglich behandelt. Ich habe gelernt, dass ich nicht die Bestätigung aus dem Büro brauche, damit ich mich besser fühle. Und dass ich auf jeden Fall etwas machen möchte, was mir auch Spaß macht. Glücklicherweise habe ich meine Kunden als Freie behalten und kann dort jetzt wieder voll einsteigen. Ganz ohne berufliche Tätigkeit ist es mir doch auch zu langweilig.

Zu Hause bemühe ich mich, ausgeglichen zu sein. Aber ich bin immer noch oft bedrückt und traurig, wache morgens auf und denke: „Wie soll ich nur den Tag schaffen?" Dann springe ich aus dem Bett, denke an das Bild von der Wegkreuzung und entscheide mich für den neuen Weg. So versuche ich auch, mich mittags nicht mehr bzw. immer seltener ins Bett zu legen, obwohl ich oft groggy bin. Aber ich will mich ja nicht der Angst ausliefern, sie soll keine Macht über mich haben. Ich will kämpfen! Und dass es geht, habe ich ja in Münster gelernt. Nur das mit dem Üben macht mir hier große Probleme. Ich nehme es mir zwar immer wieder vor, setze es aber nicht in die Tat um. Das Thema zweites Kind ist erst mal wieder in weite Ferne gerückt.

Ende März ist Harald vier Tage beruflich in Hamburg. Ich überstehe die Zeit gut, bin ganz stolz auf mich. Dann habe ich ein Angebot, für zehn Tage vormittags in einer Redaktion zu arbeiten.
Das tut mal wieder gut, und der Job macht auch Spaß. Nur habe
ich plötzlich starke einseitige Kopfschmerzen. Als die auch nach
der Zeit in der Redaktion nicht vorbei sind, gehe ich zum Arzt.
Denn eigentlich habe ich noch nie Probleme mit Kopfschmerzen gehabt. Mein Neurologe Dr. B. ist im Urlaub, sein Kollege
stellt beim EEG leichte Unregelmäßigkeiten fest. Ich denke an das
Schlimmste, habe große Angst. Damit ich mich beruhige, macht er
sofort einen Termin für eine Computertomographie aus. Harald
kommt aus dem Büro, er muss mitfahren. Anna Lea wird bei ihrer
Ersatzoma untergebracht. Ich bin völlig aufgelöst. Ist das jetzt das
Ende? „Andrea, jetzt warte erst mal ab und steigere dich da nicht
so rein", versucht Harald mich zu beruhigen.

Beim Arzt ist es sehr voll, das Wartezimmer platzt aus allen
Nähten. Mein innerer Motor läuft auf vollen Touren. Nach langer
Wartezeit lande ich in dem CT-Raum. Erschrocken bleibe ich stehen. „In diese Röhre soll ich mich reinlegen? Das kann ich nicht.
Ich leide unter Angstzuständen", versuche ich zu erklären. „Das
geht recht schnell und nur der Kopf ist ja bedeckt", so die Assistentin. „Nein, mein Mann soll bitte bei mir bleiben." – „Das können Sie doch nicht von ihm verlangen. Die Strahlenbelastung ist
viel zu hoch", sagt die Assistentin in vorwurfsvollem Ton. Aber
Harald kommt, zieht sich eine Bleischürze an und bleibt bei der
Assistentin hinter der Scheibe stehen. Seine Anwesenheit beruhigt mich ein wenig. Und es ist wirklich nicht so schlimm, wie ich
befürchtet hatte. Nach circa einer halben Stunde erhalten wir das
Ergebnis: Alles ist in bester Ordnung. Es wird sich wohl um Span-
nungskopfschmerzen handeln. Ich bin erleichtert und enttäuscht
zugleich. Schäme mich ein wenig, dass ich wieder so übersteigert
reagiert habe. Aber in solchen Situationen stehe ich einfach neben mir. Dann überrollt mich die Angst, die pure Angst. Ich weiß
eigentlich nicht, wovor ich Angst habe, reagiere einfach hyste-

risch. Jetzt bin ich völlig erschöpft, freue mich auf die Mittagsruhe mit Anna Lea. Harald muss dringend ins Büro zurück. „Das war ja mal wieder typisch", kommentiert er die Aktion. Ich bin froh, dass er mich nicht anmault und sage dazu gar nichts. Er hat ja Recht.

*„Für die Entwicklung eines Menschen sind
die bitteren Stunden unerlässlich."*   Konrad Adenauer

Zwangsgedanken machen sich breit

Ende April fahren wir wieder für zwei Wochen nach Sylt. Es ist die reinste Hölle. Tagtäglich bin ich bedrückt und niedergeschlagen, mache mich für diese Befindlichkeiten verantwortlich, fühle mich dadurch aber nur noch schlechter. Am schlimmsten sind die Zwangsgedanken, die mich nun unaufhaltsam plagen. Sie sind nur destruktiv, vielleicht eine Folge meiner Selbstvorwürfe? Sehe ich Waschpulver, denke ich daran, dass ich mich damit umbringen könnte. Glasscherben vor einem Container, das Besteck beim Essen – alles endet in dieser Vorstellung. Es ist einfach grauenhaft. Ich schäme mich, Harald meine Gedanken mitzuteilen. Er kann mich doch nicht verstehen, selbst wenn er es wollte. Nur wer diese Hölle erlebt hat, kann nachvollziehen, welche inneren Qualen damit verbunden sind. Ich will doch auch den Urlaub genießen, fröhlich sein, habe auch keinen fassbaren Grund für diese Zwangsgedanken. Aber es nutzt alles nichts. Sie plagen mich unaufhörlich. Es ist so schlimm, dass ich mich eines Abends hinsetze und dem Leiter des Christoph-Dornier-Centrums einen Brief schreibe, in dem ich meine Problematik schildere. Vielleicht weiß er eine Lösung? Gibt es irgendetwas, das ich noch nicht gemacht, falsch gemacht habe? Tränen der Verzweiflung. Auch Eva Z. schreibe ich einen Brief. Ich bin mittlerweile wieder ihre Patientin, weil ich eingesehen habe, dass ich noch Begleitung brauche. Jetzt erzähle ich ihr von meinen inneren Qualen, es erleichtert mich ein wenig.

Wie lange wird meine Ehe das noch aushalten? Was tue ich meinem Kind nur an? Harald und ich streiten uns viel, ich bin so unsagbar stark angespannt, kann nicht locker und ungezwungen sein. Das hat natürlich Auswirkungen – auch auf Anna Lea, die sich intensiv ihrem Vater zuwendet. Ich bin traurig und hilflos. Fahre ich mit dem Auto zum Einkaufen, schießt es mir durch den Kopf: „Ich könnte doch rechts die Böschung runterfahren." Alles wende ich gegen mich, finde nur im Bett ein wenig Ruhe, kann zum Glück schlafen und dabei etwas auftanken und alles vergessen. War Münster für die Katz? Soll das jetzt ewig so weitergehen? Das kann ich nicht. Und das will ich nicht. Aber ich habe doch wirklich alles versucht, immer wieder gekämpft wie ein Löwe. Was will mir das Schicksal sagen?

Wieder in München, nimmt eine Nachbarin mich mit zu einer begehrten Heilpraktikerin. Eigentlich ist die Praxis schon geschlossen, aber die Schilderung meines Zustands hat Frau Sch. – eine kleine Frau Anfang 60, schätze ich – veranlasst, mich noch zu beraten. Die Praxis ist alt, im Wartezimmer liegt ihr Buch, das ich natürlich kaufe – für vierzig Mark. Ich erzähle kurz von meinen Ängsten und von meiner Traurigkeit. „Ich sehe, Sie haben überhaupt keine Energie mehr. Sie dürfen aber auch keine Uhrenarmbänder aus Metall tragen. Das leitet die schlechten Schwingungen", so Frau Sch. zu Beginn. Ja, natürlich, kein Problem, denke ich und nicke zustimmend. Wenn's nur das ist. „Sie sind von einem Geist besessen, ich werde ihn von Ihnen nehmen", fährt sie fort, steht auf und schaltet einen Kassettenrekorder ein, auf dem eine Stimme immer wieder „Om" sagt. Im Hintergrund meditative Musik. Dann gibt sie mir ein Bild von Jesus, das soll ich immer bei mir tragen. „Und wenn es Ihnen wieder so schlecht geht, rufen Sie mich einfach an. Ich kann auch telefonisch den Geist von Ihnen nehmen." Ich habe schon abgeschaltet. Das geht mir alles zu weit. Frau Sch. verschreibt mir noch jede Menge pflanzlicher Präparate zur Stabilisierung der Psyche, Magnesium und und und. Dann zahle ich achtzig Mark und bedanke mich artig. Innerlich bin ich völlig leer. Was soll das hier? Wo bin ich gelandet? Ich bin zwar am Ende, habe aber zum Glück noch Sinn für Realität. „Vom Geist besessen", das kann ja wohl nicht wahr sein. Und ein Jesus-Bildchen. Schade, dass ich das Buch nicht mehr zurückgeben kann.

Als Harald nach Hause kommt, traue ich mich kaum zu erzählen, was ich heute erlebt habe, deute auch nur an, was sich in der Praxis von Frau Sch. ereignet hat. Er ist ja schon viel von mir gewohnt, aber dieses Erlebnis geht wirklich zu weit. „Musst du eigentlich jeden Mist machen? Suche nicht immer die Lösung bei anderen. Arbeite mit den Strategien, die du in Münster und bei Eva gelernt hast. Und akzeptiere einfach, dass es dir momentan nicht gut geht." Ja, ja, wie oft habe ich diese Sätze schon gehört. Der hat doch keine Ahnung, kann sich nicht vorstellen, was bei mir so abläuft, denke ich etwas verärgert und enttäuscht. Dann gehe ich in mich, frage mich wie auch bei Eva immer und immer wieder: Was mache ich falsch? Will ich Aufmerksamkeit? Will ich Harald an mich binden, damit er mich nicht verlässt? Nichts leuchtet mir ein. Ich habe meine Kindheit von vorne nach hinten und zurück durchleuchtet, bin sicherlich nicht in alle Schichten vorgedrungen, aber das muss ja auch nicht sein. Meine Ehe war auf dem Prüfstand. Anna Lea und meine Vorstellungen vom Mutter-Dasein und und und. Ich weiß mir wirklich keinen Rat mehr. Die Zwangsgedanken treten zwar seltener auf als im Urlaub, aber sie sind immer noch da; es scheint, als hätten sie die Angstzustände abgelöst.

Mein Vater, 84 Jahre, ist ganz plötzlich sehr krank geworden, liegt jetzt auf Initiative meiner Brüder hier in München im Krankenhaus. Da er nicht mehr transportfähig ist, wird in München ruck, zuck! eine Wohnung gesucht, der Umzug von Nordrhein-Westfalen organisiert. Sicher nicht leicht für alle. Aber ich finde keine Distanz, fühle mich überrollt, möchte am liebsten wegziehen. Ich habe das Gefühl, ich halte diesen Druck nicht aus, diese Verantwortung, diesen Stress. Bei Eva weine und zittere ich nur, bin völlig aufgelöst und habe das Gefühl, gleich zu platzen wie ein Dampfkessel unter Druck. Was kommt da in mir hoch? Und dann fühle ich mich schuldig, dass ich so empfinde. Wie gut, daß ich mit Eva darüber sprechen kann. Und mich so ein wenig verstehen lerne, ohne mich gleich zu verurteilen, weil ich nicht wie eine Maschine funktioniere.Ich habe Angst, dass meine Mutter mich, sobald sie in München ist, in Beschlag nimmt. Diskrepanzen tun sich auf: Auf der einen Seite möchte ich treu sorgende Tochter sein, die ihre Eltern pflegt und sich um sie kümmert. Auf der anderen Seite weiß ich, dass das aus vielen Gründen nicht möglich ist. Anna Lea ist nur einer davon. Da meine Eltern immer wieder zum Ausdruck bringen, „dass das Kind so laut und aufregend ist und wie schwer ich es doch mit ihr haben muss", beschließe ich eines Tages, nur noch allein dorthin zu fahren. Das kann ich Anna Lea nicht zumuten. Immer wieder denke ich „So müssen sie früher auch mit mir umgegangen sein", und das tut weh. Bei Eva lerne ich ein paar Verhaltenstipps für den Umgang mit meiner Mutter, die ich nun nach 15 Jahren räumlicher Distanz erstmals wieder hautnah erlebe. Verdrängte Verletzungen kommen hoch, Traurigkeit und Wut. Es ist eine schwierige Situation für mich, oft bin ich sehr aggressiv.

Auf Rat von Eva telefoniere ich mit der Psychotherapeutin Frau B.-Sch. Sie ist Reiki-Meisterin, und wir vereinbaren einen Termin, an dem „sie meine Mutterfäden zieht". Es geht dabei um Reinigung und Loslösung. Was Eva mir davon erzählt, macht mich auf jeden Fall schon mal neugierig. Eigentlich wollte ich ja nach meinen ersten negativen Erfahrungen mit Reiki nichts mehr davon wissen. Aber ich will nichts unversucht lassen, damit es mir besser geht. „Gut, dann kommen Sie am Freitagabend um 18 Uhr zu mir.

Nehmen Sie sich Zeit, es wird so zwei Stunden dauern." Etwas aufgeregt fahre ich zu ihr hin. Was da wohl mit mir passiert? Frau B.-Sch. wohnt in einem kleinen Häuschen, das in einem verwilderten Garten steht. Sie ist mir gleich sympathisch, ich habe das Gefühl, dass ich mich ihr anvertrauen kann. „Erzählen Sie mir, warum Sie gekommen sind", fordert sie mich auf. „Ich bin Patientin von Frau Z. und habe ziemliche Probleme mit meiner Mutter, die jetzt seit kurzem in München lebt", beginne ich meine Schilderung und gebe Frau B-Sch. noch weitere Hintergrundinformationen, natürlich auch über meine Angstzustände. „Ja, wenn man von klein auf verlassen und weggeschickt wurde, ist das besonders hart. Das ist kein leichter Weg in dieser Welt." Dann erklärt sie mir, was in der Sitzung passiert und dass ich keine Angst haben muss. „Sie erzählen einfach alles, was Sie Ihrer Mutter schon immer mal sagen wollten, was Sie stört und traurig macht, was Sie sich von ihr wünschen. Ich stelle zwischendurch immer wieder Fragen und ziehe symbolisch Fäden aus Ihrem Körper. Jetzt legen Sie sich hier auf die Bank, schließen die Augen und entspannen sich." Sie deckt mich mit einer warmen Decke zu, ich liege bequem und erwartungsvoll. Nach der Entspannungsphase fragt sie mich nach einer Stelle am Körper, die ich besonders spüre. Es ist der untere Bauchbereich, ein Punkt rechts vom Bauchnabel. Dann beginnt das Zwiegespräch. Tränen rollen mir über die Wangen, ich spüre, welche Enttäuschungen ich schon als Kind erlitten habe und bin darüber unsagbar traurig. Wie viel habe ich all die Jahre aus Angst vor der Wahrheit verdrängt? Aus Selbstschutz. Es sind mehr als zwei Stunden vergangen, bis die Sitzung vorüber ist. Ich bin völlig geschafft, erschöpft. Aber ich fühle mich auch erleichtert und befreit. Ich bin ganz zuversichtlich, dass mich dies weitergebracht hat auf meinem Weg. Vielleicht kann ich jetzt lockerer und offener sein? Vielleicht fühle ich mich nicht mehr so schnell von meiner Mutter verletzt? Vielleicht kann sich dadurch eine neue Beziehung zu meiner Mutter entwickeln? Auf jeden Fall bin ich gespannt. Ein intensiver Abend, der mich 300 Mark kostet.

Am nächsten Morgen bin ich total erstaunt, kann es eigentlich nicht glauben: Die Stelle, aus der Frau B.-Sch. symbolisch meine Mutterfäden gezogen hat, ist entzündet. Zur Bestätigung zeige ich es auch Harald und rufe die Therapeutin an. „Ja, das gibt es öfter, dass der Körper reagiert. Ich wollte es Ihnen nur nicht vorher sagen, damit Sie nicht darauf warten", erklärt sie mir. „Das geht bald wieder weg." Aber darum geht es mir gar nicht. Ich bin einfach total erstaunt, was da mit mir und meinem Körper passiert ist. Und ich habe schon bei der ersten Begegnung mit meiner Mutter das Gefühl, nun leichter mit ihr umgehen zu können. Harald ist und bleibt dem allen gegenüber skeptisch. Aber damit kann ich leben, sofern sich nur meine Situation verbessert.

Es ist ein sehr heißer und aufregender Sommer: Meine Periode kommt nicht, ich wanke zwischen Hoffen und Bangen. Panik macht sich breit. Ich kann eine ganze Nacht nicht schlafen: Wie soll ich das schaffen, es geht nicht, was soll passieren, wenn ich wirklich schwanger bin? Ich bin total verzweifelt, habe diesen großen Wunsch nach einem zweiten Kind und spüre gleichzeitig, dass ich es physisch und psychisch nicht schaffe. Am nächsten Morgen lasse ich einen Test machen: negativ. Ich glaube es nicht. Mir ist übel, ich muss aufstoßen, typische Zeichen bei einer Schwangerschaft. Zwei Tage später kaufe ich noch einen Test in der Apotheke. Das Ergebnis ist wieder negativ. Aber erst, als meine Periode da ist, bin ich erleichtert. Was bleibt, ist die Gewissheit, dass jetzt auf keinen Fall der richtige Zeitpunkt für eine Schwangerschaft ist.

Ende September kommt Harald für eine große HNO-Operation für eine Woche ins Krankenhaus. Er liegt im 19. Stock. Für mich kein Pappenstiel, dort mit dem Aufzug hochzufahren. Nur mit Mühe schaffe ich es, ihn zweimal täglich zu besuchen. Höhenangst, Platzangst, Verlustangst – ich weiß es nicht. Aber die Zeit ist für mich die Hölle. Anfangs ist Harald vor Schmerzen kaum ansprechbar. So kenne ich ihn überhaupt nicht. Erst als er nach einer Woche wieder nach Hause kommt, geht es auch mir langsam besser.

Mittlerweile mache ich – auf Haralds Drängen – auch endlich etwas, was mir einfach Spaß macht: Klavierspielen. Einmal wöchentlich nehme ich Unterricht, Musik soll doch frei machen und entspannend sein. Unvorstellbar, aber mein Leistungsdenken ist eben jahrzehntelang gepflegt und gehegt worden. Ich muss lernen, mir einfach was Gutes zu tun. Einfach so.

„Wer Mut und Vertrauen hat, wird im Unglück nicht untergehen."
                                                    Anne Frank

Verlustängste und die Krise

„Ich muss meine Krisen annehmen, sie durchleben und überleben. Und meine Bedürfnisse leben. Ich bin für mich selbst verantwortlich, muss und kann nicht perfekt sein. Jeder hat schlechte Tage. Die gilt es zu meistern. Sie gehören dazu, wie Licht zu Schatten, Schwarz zu Weiß. Aber es gibt auch Zwischentöne. Das Wichtigste ist: mich anzunehmen wie ich bin. Nicht immer im Kampf so viel Energie lassen." So steht es im September in meinem Tagebuch. Mehr als ein Jahr sind ohne Eintragungen verstrichen, jetzt bahnt sich wieder eine Krise an. Ich spüre es. Ganz langsam. Jeden Tag merke ich aufs Neue, dass da was in mir passiert. Meine Rückenschmerzen werden schlimmer, ich esse wenig – wie immer, wenn es mir nicht gut geht. Mein Gewicht verändert sich je nach Befindlichkeit um bis zu acht Kilo. In dieser Verfassung besuche ich einen psycholgischen Vortrag: „Die Bedeutung der Mutter für die seelische Entwicklung und Beziehungsfähigkeit: Die seelischen Erfahrungen und Bindungen unserer Kindheit prägen auf entscheidende Weise unsere spätere Persönlichkeitsstruktur: Was bedeutet das Muttererlebnis für die Frau, was für den Mann? Wie geschieht die Lösung und Verwandlung der inneren Mutterbindung? Was offenbaren die Träume über die ‚innere Mutter' und die schöpferische Seelenkraft des ‚Mutterarchetypus' (nach C. G. Jung)?"

Die Ausführungen des Referenten treffen mich bis ins Mark. Anfangs will ich rauslaufen, fliehen, zwinge mich aber, doch weiter zuzuhören. Alles kommt mir so bekannt vor. Mir wird erneut bestätigt, wie verheerend es ist, ohne Urvertrauen aufwachsen zu müssen, keine intakte Mutterbeziehung entwickeln zu können. Mir wird abwechselnd heiß und kalt. Ich sinke in mich zusammen, fühle die Hoffnungslosigkeit nach dem Motto „Da kann man nichts mehr machen". Der Referent stellt auch kurz seine Wochenendtherapien vor, orientiert an der systemischen Skriptanalyse und Familienrekonstruktion nach Bernd Hellinger. Ziemlich bedrückt fahre ich nach Hause, habe aber Informationsmaterial mitgenommen und lese: „Die gefühlsmäßigen Bindungen aus der Kindheit (mit ihren Prägungen, Kränkungen, Erwartungen) wirken unterschwellig fort in der Art und Weise, wie wir als Erwachsene Beziehungen eingehen und erleben. Die Form unserer frühen Familienbindung hat uns geformt. Wenn man sie bewusst wahrnimmt und alte Identifikationen auflöst und verabschiedet, so findet man die kreative Kraft zu wesensgerechter Entfaltung." Mehr will ich gar nicht wissen. Hört sich interessant an, könnte es für mich richtig sein? Erst einmal eine Nacht darüber schlafen, denke ich.

Am nächsten Morgen geht es mir so schlecht, dass ich den Referenten anrufe: „Ich überlege, ein Seminar bei Ihnen zu machen. Ist es wichtig, dass man psychisch stabil ist? Ich bin momentan in einer Krise", frage ich ihn direkt. „Darf ich Ihnen, um darauf antworten zu können, ein paar Fragen stellen?" Natürlich sage ich ja. „Sind Sie in Ihrer Kindheit verlassen worden?" – „Ja, bereits mit drei Jahren war ich in Kur, dann immer wieder wochenweise bei Bekannten und Freunden meiner Eltern. Mit sieben Jahren bin ich das erste Mal ins Internat gekommen, mit zwölf ein weiteres Mal", berichte ich ihm. „Das ist schon sehr schwer gewesen. Mmh. Und hat es in Ihrer Familie Todesfälle gegeben?", fragt er weiter nach. Ja, ich erzähle ihm Näheres, weise aber auch erneut darauf hin, dass es mir nicht gut geht, ich Suizidgedanken habe und Hilfe brauche. „In so einer Familienkonstellation ist der Selbstmorddruck gewöhnlich hoch." Ich fahre innerlich zusammen. Soll ich mich jetzt umbringen, wie kann er am Telefon so mit mir reden? „Betreuen Sie die Teilnehmer Ihrer Wochenendseminare auch danach?", will ich wissen. Und bin über die Antwort entsetzt: „Nein, ich mache überhaupt keine Einzelsitzungen. Wenn Probleme auftauchen, kann man ja noch ein Seminar machen."

Ich bin fassungslos. Er wühlt etwas auf und lässt die Leute dann damit allein. Ich weiß nicht warum, wahrscheinlich fehlt mir die Kraft, aber ich verabschiede mich freundlich von ihm. Ich bin mitten auf einer Talfahrt, die langsam beginnt und immer schneller wird. Dieses Gespräch hat den Prozess beschleunigt. Soll ich mich gleich aufgeben? Hat sich all das Kämpfen nicht gelohnt? Kann man ohne Urvertrauen nicht existieren? Mein Selbsterhaltungstrieb bringt mich dazu, wenigstens den Homöopathen anzurufen. Er schickt mir per Post Globuli. Ein Fünkchen Hoffnung keimt auf.

Mittlerweile habe ich immer mehr den Verdacht, dass ich doch eine Depression habe. Wie meine Mutter. Plus Angst. Ich inseriere erneut in der Süddeutschen Zeitung unter Chiffre: „Angst und Depression trotz Therapie (w, 35). Wer weiß Rat?" Jeder Tag ist ein Kampf für mich. Platzangst im Kasperltheater, Angstzustände beim Kaffeetrinken mit einer lieben Nachbarin, es drückt mir den Hals zu. Verzweifelt spreche ich der Therapeutin vom Dornier-Centrum auf den Anrufbeantworter – kein Rückruf. Ich schlafe viel, flüchte ins Bett. „Positiv denken", meint Harald. Ja, das ist gut und wichtig. Aber bei Depressionen hilft es nicht. Da geht es nicht um das alltägliche Auf und Ab im Leben, um die Höhen und Tiefen. Es geht nicht darum, dass „ich deprimiert bin". Depression ist eine Krankheit – wie Bluthochdruck, Asthma oder Diabetes. Sie ist nicht selbst verschuldet. Man muss sich nicht schämen. „Reiß dich zusammen", „Lass dich nicht so gehen" – diese Ratschläge helfen nicht. Oder helfen sie etwa bei Zahnschmerzen? Fröhliche Menschen erheitern mich nicht, sondern verstärken meine Symptome. Meine Wahrnehmung ist wieder verändert: Alles scheint schwarz und dunkel zu sein. Ich weiß auch, dass Selbstmordgedanken zur Depression gehören. Und dass Selbstmord keine Lösung ist. Mitten in meinen Grübeleien erreicht mich auf meine Annonce in der Zeitung ein gutes Dutzend Zuschriften.

„Gegen Depression half mir wiederholt das Bewusstsein, kleine Ziele während des Tages erreicht zu haben, vielleicht abends Rechenschaft nach ,gut' und ,sehr gut' und ,schlecht' abzulegen. Die Bereitschaft, Widerwärtigkeiten anzunehmen, daraus zu lernen, überwindet depressive Zustände, dazu Freude an Geschenken der Natur: Farbenreichtum der Blätter und Blumen im Herbst, das Vogelkonzert frühmorgens im Frühling, herzhaftes Lachen über manchen Schmarrn und schließlich eine gewisse Kunst, sich selbst nicht tragisch zu nehmen": Auf diese Zuschrift antworte ich schriftlich, vielleicht ergibt sich ein reger Gedankenaustausch. Ein paar Wochen später erreicht mich der Anruf des Schreibers, er scheint jenseits der Realität zu leben, ist als Lehrer vom Dienst suspendiert und gedanklich in Sphären, die mir nicht geheuer sind. Auf einer anderen Karte steht nur der Absender mit Telefonnummer und „Bitte rufen Sie mich an." Eine Frau schreibt: „… gibt es Problematiken, die eher in den so genannten spirituellen Bereich einzuordnen sind. Es gibt Menschen, die durch Meditation leichter (oder geeigneter) ihre Probleme verringern können als durch Psychotherapie. Es kann auch beides Hand in Hand gehen. Es gibt Menschen, für die Psychotherapie ohne spirituelle Begleitung und ohne Meditation unbekömmlich ist. Haben Sie sich in dieser Hinsicht schon umgesehen?"

In einer anderen Zuschrift empfiehlt mir ein Betroffener die Bücher von Alfred Adler und bietet sich auch zum Gespräch an. Wieder jemand anderes weist mich auf einen gestörten Schlafplatz hin (Wasserläufe im Erdboden sowie technische Störfelder im Wohnbereich) und auf die Belastung durch Zahnfüllmetalle, die sehr giftig und schädigend sein können. Eine „zufriedene Patientin" teilt mir anonym Adresse und Telefonnummer ihres Therapeuten mit. Ein Heilpraktiker aus Stuttgart bietet mir seine klassische Homöopathie an, den umfangreichen Fragebogen erhalte ich gegen Voreinsendung von sieben Mark in Briefmarken. „Wenn die Auswertung des Fragebogens zu keinem Ergebnis führt, berechne ich nichts. Ansonsten beträgt mein Honorar 100 Mark." Einen lieben Brief erhalte ich von einem ausländischen Ingenieur, der schreibt: „Sehr geehrte Dame, Ihre Annonce habe ich gelesen und habe mich doch entschieden, Ihnen ein paar Zeilen zu schreiben. Natürlich wäre die beste Therapie, dass man innerlich mit sich zufrieden ist und vor allem selbstbewusst ist. Sonst hilft alles nichts. Auch die Umgebung spielt dabei eine große Rolle. Jede Person hat öfter im Leben Depressionen und Angst. Wenn Sie möchten, können Sie mich anrufen."

Und ein 51 Jahre alter Mann schickt mir seine Visitenkarte mit Bild, seinen abwechslungsreichen Lebenslauf – u. a. Schauspieler, Bundeswehr, Seefahrt – und die Zeilen: „... seit etwas über zwei Jahren biete ich neben einer Nahkampfausbildung (Kampfkarate) auch Hilfestellung bei Psychoproblemen an. Ein Erstgespräch – in Ihrer vertrauten Umgebung, Ihrer Wohnung – ist in München kostenlos, im S-Bahn-Bereich fallen nur die Fahrtkosten an. Die Kombination Nahkampf-Psychoberatung ist nahe liegender, als Sie denken." Eine Frau, die ich anrufe, hat eine Praxis und empfiehlt mir NLP (Neurolinguistisches Programmieren) und Homöopathie. Frau P. schreibt „Ihren Gefühlszustand kann ich gut nachfühlen – aus eigener Erfahrung (Gott sei Dank vergangen) und den Gesprächen, die ich mit anderen hatte ... Wenn Sie möchten, können wir uns mal treffen – erst einmal im Café oder auf einem Spaziergang. Das Gespräch zum Kennenlernen ist kostenlos."

Ich nehme ihr Angebot an. Wir treffen uns an einer U-Bahn-Haltestelle in Schwabing. Ich habe ausnahmsweise einen guten Tag, sonst hätte ich mich gar nicht in der Lage gesehen, zu dem vereinbarten Treffpunkt zu fahren. Obwohl viele Menschen unterwegs sind, erkennen wir uns schon von weitem. Wir machen einen langen Spaziergang durch den Englischen Garten. Frau P. ist eigentlich Grundschullehrerin, hat Seminare zur Psychologie und Persönlichkeitsbildung geleitet und will nach einem Ortswechsel von Düsseldorf nach Starnberg hier eine Praxis eröffnen. Ich verstehe nicht so ganz, was sie eigentlich mit mir machen will. Ich frage immer wieder nach, bin ja auch bei den Fachtermini mittlerweile etwas bewandert. Nach einer Weile nenne ich den Begriff NLP. „Ja, nach der Methode arbeite ich. Ich nenne nur das Wort selten, weil die meisten damit nichts anfangen können", erklärt Frau P. Jetzt fährt sie erst mal drei Wochen weg, danach wollen wir uns aber zu einer Schnupperstunde treffen. Ich bin zwar etwas enttäuscht, weil ich etwas anderes als NLP erwartet hatte. Aber Frau P. ist mir sympathisch und vielleicht ergibt sich auch ein privater Kontakt. Abschließend lade ich sie noch zu einem Cappuccino ein, immerhin hat sie Engagement gezeigt.

Aber mein Zustand wird immer schlimmer. Fast täglich quälen mich Suizidgedanken. Ich weiß weder ein noch aus. An einem wunderschönen Spätherbsttag machen Harald, Anna Lea und ich einen Ausflug aufs Brauneck. Ich habe nicht geahnt, dass die Auffahrt mit der Gondel so lang ist. Nur unter Tränen überlebe ich es, will mich ständig mit anderen Gedanken ablenken, schaffe es aber nicht. Meine Sonnenbrille verbirgt ein wenig die Tränen, damit Anna Lea nicht so direkt damit konfrontiert wird. Als Harald es merkt, beschäftigt er sich ganz intensiv mit ihr, um sie von mir abzulenken. Dabei streichelt er mein Bein.

Eines Morgens wache ich auf und mir schießt der Gedanke durch den Kopf, mich und auch Anna Lea umzubringen. Soll ich mich in eine Klinik einliefern lassen? Wie ein Tiger schleiche ich vormittags im Haus herum, weine leise vor mich hin, werfe mich aufs Bett und flehe um Hilfe. In meiner höchsten Not rufe ich einen Schreiber auf mein Inserat an, den ich bisher nicht erreichen konnte. Ich erzähle unter Tränen von meinem Leidensdruck, dass ich keinen Ausweg mehr weiß und nicht verstehe, was da mit mir passiert. „Ich hatte acht Monate schwerste Depressionen mit Suizidgedanken und wusste nicht warum. Ich habe zwar auch Probleme in der Familie, aber das allein kann es ja wohl nicht sein. Jetzt nehme ich, wenn sich die Krise anbahnt, Fluctin, diese neue Wunderdroge aus den USA. Lassen Sie sich die verschreiben, auch wenn der Arzt erst zögert. Die sind nämlich so teuer. Mir helfen diese Tabletten sehr. Ich bin jetzt ein ganz anderer Mensch und greife einfach auf die Chemie zurück. Anfangs habe ich mich auch dagegen gewehrt, aber es ist doch besser als so zu leiden", erzählt mir Herr F. ganz freimütig seine Geschichte. „Und die paar Nebenwirkungen sind auch nicht der Rede wert", fährt er fort. Ich bedanke mich ganz herzlich für seine Auskunft. „Rufen Sie mich doch auf jeden Fall noch einmal an, wenn es Ihnen besser geht. Ich möchte wissen, was mit Ihnen passiert ist", bittet er mich zum Abschluss. Ich spüre, dass ich noch nie so weit unten war. Alarmstufe rot ist angesagt!

„Erst nach der Krankheit verstand ich, wie wichtig das Ja-Sagen zum eigenen Schicksal ist."　　　　C. G. Jung

Endlich frei? Endlich frei!

Irgendwie mobilisiere ich meine allerletzten Kräfte und rufe in der Praxis von Dr. B. an. Ich muss ihn sprechen. Kann keine Minute länger warten. Ich drehe durch. Ich raste aus. Ich stehe neben mir. Kann an nichts anderes als an Selbstmord denken. Es ist einfach unvorstellbar schrecklich. Die Hölle. Ich kann Dr. B. kurz sprechen: Er schickt mir das Rezept für Fluctin, sagt in der Apotheke Bescheid. Am nächsten Tag soll ich anrufen, ein paar Tage später habe ich einen Termin. Ich rufe Harald an, er muss unsere Tochter vom Kindergarten abholen. Ich kann das beim besten Willen nicht. In der Apotheke wird das Antidepressivum erst um 14 Uhr zu bekommen sein. Um die Zeit schläft Anna Lea, ich organisiere einen Babysitter und rase kurz vor 14 Uhr los. Nach der ersten Tablette fühle ich mich gleich ein wenig besser und schaffe es sogar, nachmittags mit Anna Lea im Kindergarten St. Martin zu feiern. Sie hat sich doch darauf gefreut, eine Laterne gebastelt und Lieder geübt. Was gäbe ich darum, wenn jemand anders sie mitnehmen könnte. Danach bin ich total geschafft, aber auch stolz auf mich. Die nächsten zwei Tage sind wieder die Hölle für mich: Ich bin unendlich müde, liege den ganzen Morgen zusammengekrümmt auf dem Sofa oder im Bett. Anna Lea aus dem Kindergarten abzuholen wird für mich zur Tortur. Nur mühsam tragen mich meine Füße dorthin, ich muss ganz schnell wieder das Gebäude verlassen – fast fluchtartig – und sie ohne Zähneputzen und Auf-Wiedersehen-Sagen mitnehmen. Erst im Auto kann ich mich ein wenig beruhigen. Wo bin ich nur wieder hingekommen? Ich weine viel, meine Nerven liegen bloß, innerhalb kürzester Zeit verliere ich sechs Kilo. Fluctin, die Wunderpille aus den USA – bei mir scheint sie nicht zu wirken.

Ich rufe den Neurologen an, schildere ihm meine Verfassung. Er verordnet das Psychopharmakum Tavor. Ich habe es noch verschlossen zu Hause, hatte es mir mal für Notfälle verschreiben lassen. Auf meine Bitte hin hat Harald es versteckt, damit ich nicht in einer Extremsituation in Versuchung komme. Morgens ¼, mittags ¼, abends ½ Tablette: Endlich werde ich ruhiger, spüre die dämpfende Wirkung, kann ein wenig loslassen und vor allen Dingen schlafen. In den letzten Wochen habe ich nicht einmal nachts Ruhe gefunden, bin beinahe stündlich wach geworden. Die Qualen lassen nach. Ich sage alle Termine und Verabredungen ab und versuche, nicht so streng mit mir zu sein. „Vielleicht liegt der Sinn meines Lebens darin, meine psychischen Einbrüche auszuhalten, zu akzeptieren", schreibe ich in mein Tagebuch. Freunde wissen von meiner erneuten, so heftigen Krise. Anfangs erzähle ich niemandem etwas, will alles geheim halten, weil ich es nicht wahrhaben will. Aber nach einiger Zeit fühle ich mich so verlassen, dass ich doch darüber sprechen muss. Wer weiß, wie lange alles dauert? Ich kann nicht ewig alle Verabredungen absagen, Ausreden erfinden oder nicht zurückrufen. Und ich brauche auch das Gespräch, Zuspruch und Unterstützung.

„Andrea, du musst jetzt ganz vorsichtig mit dir sein. Sei einfach froh, wenn der Tag ohne Höllenangst vorbeigeht. Mach dich nicht wie üblich ständig fertig, weil du dies und das nicht kannst. Akzeptiere ganz kleine Schritte", sage ich zu mir. Und das tue ich auch. Harald fährt für zwei Tage weg, ich bleibe mit Anna Lea zu Hause, stelle mich ganz auf sie ein. Alles läuft ruhig und friedlich, ich bin reduziert und vorsichtig. Am Wochenende der Termin bei Dr. B., Harald will eigentlich gar nicht mit rein zu ihm. „Ich kann doch nichts über dich sagen. Du steckst doch in deinem Körper", versucht er zu erklären.Ich verstehe ihn überhaupt nicht. Habe gleichzeitig Angst, dass ihm alles zu viel wird. Wäre ja wirklich kein Wunder. „Harald, bitte komm mit. Lass mich da nicht allein. Wer weiß, was Dr. B. empfiehlt. Vielleicht soll ich doch in eine Klinik", flehe ich ihn an.

Er kommt mit. Der Neurologe hat Notdienst. Und da frühmorgens nichts los ist, auch Zeit für uns. Ich schildere den Verlauf der Ereignisse, meine Befindlichkeiten, bin ganz offen und ehrlich – wie immer. „Frau Hesse, fragen Sie nicht immer ‚warum'. Der Zuckerkranke spritzt Insulin und fragt auch nicht ‚warum'. Es scheint mir doch in erster Linie ein Stoffwechselproblem zu sein, das man medikamentös in den Griff bekommen kann", erklärt er mir. Ich atme auf. Vielleicht kann ich doch ein zweites Kind bekommen? Schon pervers, in so einer Krise an Nachwuchs zu denken. Ein ganz klein wenig zuversichtlich fahre ich nach Hause. Auch in der nächsten Woche habe ich alle Termine wie Therapie, Klavierunterricht, Besuche abgesagt. Ich bin unendlich müde, möchte mich nur zurückziehen, meine Ruhe haben. Ich schaffe es gerade noch, Anna Lea vom Kindergarten abzuholen oder sie nachmittags mal zu einem Freund zu fahren. Zum Glück sind ja in unserer Nachbarschaft gleichaltrige Kinder, mit denen sie immer spielen kann. Einer ihrer Kindergartenfreunde wohnt in einem Hochhaus. Nur der Aufzug führt nach oben. Da muss ich schon meine ganze Kraft aufbieten, um mit ihr hochzufahren. Dann nichts wie weg und nach Hause ins Bett. Kein Fernsehen, kein Telefon, nur der Wunsch, dass der Tag vorbei geht. Wie gut, dass ich wieder schlafen kann. Jetzt sogar mal wieder zu viel.

Schwiegermutter Ursula ruft an, ich kann meine Tränen nicht aufhalten. „Kannst du bitte kommen und dich ein wenig um Anna Lea kümmern?", bitte ich sie. Ursula sagt sofort zu, kommt ein paar Tage später für eine Woche und nimmt mir die Last des Alltags von den Schultern. Ich bin so dankbar. Das tut so gut. Keine Verantwortung, einfach sehen, dass ich irgendwie über die Runden komme. Nachmittags gehen wir spazieren oder trinken Kaffee. Manchmal, wenn Anna Lea im Kindergarten ist, weine ich einfach vor mich hin. Am Freitag sind wir bei Nachbarn zur Wohnungseinweihung eingeladen. Schon nach zehn Minuten spüre ich Platzangst – trotz Antidepressivum und Psychopharmaka. Harald und ich machen einen kleinen Spaziergang; ich bin völlig enttäuscht und verzweifelt. Wir gehen nicht mehr dorthin zurück, die vielen Leute kann ich jetzt nicht ertragen. Es ist zwar unhöflich, aber momentan gehe ich vor. Ich fühle mich wie eine zarte Pflanze, die langsam wächst. Ganz behutsam. Fühle mich schwach. Als Ursula nach einer Woche fährt, geht es mir schon besser. Langsam pendeln sich die Medikamente ein, das dauert eben immer seine Zeit. Beim nächsten Arzttermin wechselt Dr. B. das Antidepressivum, Fluctin wird durch Anafranil ersetzt.

Langsam werde ich wieder Mensch, merke, wie mir die Medikamente helfen. Denke sofort schon wieder an ein zweites Kind. Töricht. Aber ich bin immer noch ganz vorsichtig mit mir. Mache nachmittags mit Anna Lea kleine Spaziergänge oder Besorgungen, gehe mal zu einer Nachbarin zum Tee. Nach Absprache mit dem Neurologen fange ich an, das Psychopharmaka Tavor zu reduzieren, nehme abends nur noch ¼ Tablette. Die ersten paar Tage merke ich die reduzierte Dosis, aber es ist nichts Dramatisches. Da diese Medikamente auf längere Sicht abhängig machen, ist es mir wichtig, sie so schnell wie möglich wieder auszuschleichen.

Unfassbar: Ich bin zufrieden. Die Weihnachtsvorbereitungen machen Spaß. Ich bin total aktiv, habe beruflich viel zu tun, gerade ein Interview für eine Frauenzeitschrift gegeben und an einer Talkshow zum Thema „Alte Eltern" teilgenommen. Alles ohne Ängste. Völlig problemlos. Ich kann es kaum fassen. Das Leben kann so schön sein. Welche Freude, wenn der Schnee unter den Schuhen knirscht! Welche Freude, wenn es draußen kalt ist, und ich sitze mit einem Tee im Wohnzimmer, ohne dass ein Dämon mich quält. Immer und immer wieder bin ich unendlich glücklich.

Nach einiger Zeit habe ich Tavor ganz ausgeschlichen, beginne mit der Reduzierung von Anafranil. Aber ich merke, dass die Zeit fürs Ausschleichen des Medikaments noch nicht gekommen ist. Das kann ich akzeptieren. Wenn es mir nur ja nicht wieder so schlecht geht. Dieser neue Status Quo ist so wunderbar. Warum nur habe ich erst jetzt diesen Weg gefunden? Aber das ist müßig. Ich bin meinen Weg gegangen, habe viel geweint, unsagbar gelitten und viel gelernt. Ja, ich habe mich in diesen Jahren sehr verändert. Bin behutsamer geworden, ein wenig toleranter und gelassener. Und ich bin sicher, ich werde mich weiter verändern und wenn nötig auch weiterkämpfen. Eine sehr harte Zeit, aber es hat sich gelohnt: für mich, für Anna Lea, für Harald und für unsere Nummer Vier, die sich gerade angemeldet hat.

Manchmal kommt „es" auch heute noch wieder. Dann spüre ich, dass etwas in mir anders ist als sonst. Ich kommuniziere weniger, schlafe viel und fühle ganz deutlich, dass mich etwas bedrückt. Anfangs lässt es sich noch verdrängen, wegschieben. Aber spätestens nach ein paar Tagen kann ich es nicht mehr ignorieren. Ich spüre Gefühle der Angst und eine Niedergeschlagenheit, die mein ansonsten sehr aktives Leben bremst. Dann weiß ich: Es ist Zeit, innezuhalten und über mein momentanes Leben nachzudenken. Meine Gefühle sind Signale, dass etwas nicht stimmt. Und ich weiß, ich sollte mal wieder eine Verabredung mit mir selbst vereinbaren. Ein wenig in mich hineinhören, was die Hektik des Alltags zudeckt. Zu viel Arbeit, zu viele Verabredungen und Termine, die mir nicht gut tun. Je mehr ich bereit bin, darüber nachzudenken, je mehr ich mich meinen ureigensten Gefühlen stelle, desto mehr spüre ich, wie „es" wieder nachlässt. Es ist, als wollte es mich auf etwas aufmerksam machen. Wachsam machen für die leisen Töne, für die Zwischentöne. Manchmal muss ich allerdings auch meine Medikamentendosis ein bisschen erhöhen. Das fällt mir nicht leicht. Aber ich sage mir dann: Du weißt, dass es wieder vorbeigeht. Du musst damit nicht leben. Halte durch. Bei anderen Beschwerden nimmt man auch wie selbstverständlich Medikamente. Ohne sich gleich schwach und schlecht zu fühlen. Und meistens sind die trüben Gedanken und Gefühle nach ein paar Tagen wieder verschwunden.

Ja, ich habe es geschafft. Ich bin wieder frei. Kann wieder atmen. Jeden Tag bin ich aufs Neue dankbar dafür, dass ich dem Teufelskreis entronnen bin und wieder weiß, dass das Leben lebenswert ist. Freue mich über herbstliche Sonnenstrahlen, die meine Nase kitzeln. Über Rosen, die im Garten duften. Und wenn sich meine Tochter Anna Lea heute mal wieder mit mir heftig streitet, Sohn Jonathan unbedingt mit mir Verstecken spielen will, dann weiß ich: Mein Kampf hat sich gelohnt. Und ich bin sicher: Für jeden gibt es einen Weg aus dieser inneren Hölle. Für jeden gibt es ein Licht am Ende des Tunnels.

Das Antidepressivum nehme ich übrigens – nach Absprache mit meinem Arzt – immer noch. In ganz geringer Dosis. Sicher ist sicher.

Teil II:

Informationen und Tipps für Betroffene und ihre Angehörigen

Volkskrankheit Depression:
Es kann jeden treffen

Ob Manager, Schülerin, Hausfrau, ob alt oder jung, klein oder groß: Eine Depression kann jeden treffen. Diese Krankheit ist kein Zeichen von Schwäche. Kein persönliches Versagen. Auch nicht ansteckend. Es ist eine ernst zu nehmende Erkrankung, nicht selten lebensbedrohlich. Allein in Deutschland nehmen sich jedes Jahr 12000 Menschen das Leben. Weil sie diese Krankheit nicht ertragen. Weil das Leben unter diesen Bedingungen nicht mehr lebenswert ist. Die Dunkelziffer der Selbstmorde liegt sicherlich deutlich höher.

17 bis 20 Prozent der Gesamtbevölkerung erkranken während ihres Lebens mindestens einmal an einer Depression. Das heißt: Jeder Fünfte ist davon betroffen. Allein in Deutschland leiden vier Millionen Menschen an dieser teuflischen Krankheit. Noch immer werden viele Symptome und Beschwerden nicht als Depression erkannt und dementsprechend nicht behandelt. Weil Betroffene und leider auch viele Ärzte die Krankheit nicht ernst nehmen oder nicht richtig diagnostizieren. Nur rund jede zweite Depression wird erkannt, nur jede fünfte richtig therapiert.

Das muss nicht sein. Denn rund 90 Prozent aller Depressionen können gut behandelt werden. Wie andere Krankheiten auch. Das gibt Hoffnung und Zuversicht.

Persönlicher Tipp: Nur ein Fachmann kann die eindeutige Diagnose stellen und nach einer gründlichen Untersuchung körperliche Ursachen ausschließen. Arzt und Patient legen dann gemeinsam eine entsprechende Behandlung fest. Sprechen Sie mit Ihrem Arzt. Schließlich geht es um Ihr Leben. Um Ihre Gesundheit.

Depression kann jeden treffen.

Depression hat viele Gesichter.

Depression ist behandelbar.

Stimmungstief oder Depression?
So erkennen Sie die Krankheit

Es regnet, Sie haben Streit mit dem Partner und auch noch schlecht geschlafen. Das kann einem den Tag vermiesen. Man ist niedergeschlagen, schlecht gelaunt, vielleicht auch traurig. Aber lange noch nicht krank. Erst wenn Sie sich über ein, zwei Wochen gar nicht mehr freuen können, schlecht schlafen und Ihnen alles egal ist, könnte das ein Hinweis auf eine depressive Erkrankung sein. Diese ist wie Diabetes oder Bluthochdruck ein ernsthaftes medizinisches Problem und gehört unbedingt in die Hände von Fachleuten.

Wichtig zu wissen: Die Depression hat viele Gesichter. Es gibt Überschneidungen mit anderen Krankheiten. Auch eine Reihe von Hormonen und Medikamenten können depressive Störungen hervorrufen, die behandelt werden müssen. So zum Beispiel Medikamente für Herz- und Kreislauferkrankungen, Blutdruck senkende Präparate, die Pille, bestimmte Antiobiotika u. v. m.

Nicht alle, die an einer Depression erkranken, leiden unter denselben Symptomen. Nicht immer steht die depressive Verstimmtheit oder die innere Leere im Vordergrund. Bei manchen überwiegt der fehlende Antrieb, bei anderen eine rastlose Unruhe oder auch Schlafstörungen. Oft kommt es zu körperlichen Beschwerden. Auch die Schwere der Erkrankung ist unterschiedlich: Manche Betroffene können den normalen Alltag nicht mehr bewältigen. Andere schaffen ihn, indem sie alle verfügbaren Kräfte aufbieten.

Anzeichen für eine Depression können sein:
traurige Stimmung, Niedergeschlagenheit, Mutlosigkeit, innere Leere, Hoffnungslosigkeit, Störungen des Antriebs und der Entscheidungsfähigkeit, Konzentrationsstörungen, Schuld- und Min-

derwertigkeitsgefühle, Schlafstörungen, Angst, körperliche Beschwerden wie Enge in der Brust, Herzschmerzen, Kopfschmerzen oder Störungen im Magen-Darm-Bereich. Appetitstörungen, Nachlassen des sexuellen Verlangens.

Persönlicher Tipp: Gehen Sie lieber einmal zu viel als einmal zu wenig zum Arzt. Immerhin können 90 Prozent aller Depressionen erfolgreich behandelt werden.

Test: Leiden Sie an einer Depression?

Welche Aussage trifft im Moment auf Sie zu?

Seit mehr als zwei Wochen

■ macht mir nichts mehr Spaß.

■ bin ich bedrückt und traurig.

■ traue ich mir nichts mehr zu.

■ kann ich mich nur schwer konzentrieren.

■ leide ich unter starker innerer Unruhe.

■ fällt es mir schwer, Entscheidungen zu treffen.

■ habe ich kaum noch Appetit.

■ leide ich unter starken Schlafstörungen.

■ erscheint mir alles sinnlos.

■ fühle ich mich so wertlos.

■ bin ich völlig verzweifelt und möchte am liebsten nicht mehr leben.*

Haben Sie mehr als vier Punkte angekreuzt? Dann ist die Wahrscheinlichkeit hoch, dass Sie an einer typischen Depression erkrankt sind. Lassen Sie keine kostbare Lebenszeit verstreichen. Sprechen Sie mit Ihrem Hausarzt. Nur der kann eine eindeutige Diagnose stellen.

* Quelle: Prof. Dr. Ulrich Hegerl. www.kompetenznetz.depression.de

So kommt es zu einer Depression: Drei wesentliche Ursachen

Eine Depression hat selten eine einzige Ursache. Meist kommen verschiedene Faktoren zusammen: Störungen im Hirnstoffwechsel, Erbanlage, Persönlichkeit, Lebensbedingungen, familiäre und berufliche Verhältnisse. Heute spricht man vom depressiven Syndrom, das sich aus psychischen und körperlichen Symptomen und deren Folgeerscheinungen zusammensetzt.

Wenn die Botenstoffe durcheinander geraten sind

Unser Gehirn ist von sehr komplexer Struktur – ein wahres Wunderwerk. Fest steht: Es besteht aus etwa 25 Milliarden Nervenzellen, die untereinander Informationen austauschen. Die Weitergabe geschieht durch chemische Botenstoffe, so genannte Neurotransmitter. Bei der Depression sind die Botenstoffe Serotonin und Noradrenalin aus der Balance geraten. Der Stoffwechsel im Gehirn funktioniert nicht mehr richtig. Und zwar in den Bereichen, die für Gefühle der Freude und Zufriedenheit zuständig sind. Negative Gefühle und Gedanken gewinnen die Oberhand.

Wenn ein besonders einschneidendes Ereignis dazukommt

Oft wird diese Stoffwechselstörung durch ein einschneidendes Ereignis ausgelöst: Ein Angehöriger stirbt, der Partner trennt sich, im Job quält eine totale Über- oder auch Unterforderung. Manchmal kann schon der Umzug in eine andere Stadt der Auslöser für eine Depression sein. Solche Krisensituationen kennt zwar jeder Mensch, verarbeitet sie aber je nach Konstitution anders.

Bei manchen Menschen kommen die Botenstoffe im Gehirn auch ohne jeden Anlass ins Ungleichgewicht und sie erkranken an einer Depression. Wieder andere haben tief greifende Erlebnisse zu verarbeiten, ohne an einer depressiven Störung zu erkranken.

Wenn es in der Familie bereits depressive Erkrankungen gibt
Bei der Entstehung einer Depression spielt auch die Veranlagung eine Rolle, die so genannte genetische Disposition. Gibt es in der Familie depressive Erkrankungen, ist die Wahrscheinlichkeit höher, ebenfalls krank zu werden. Vor allem Kinder depressiver Eltern haben es schwer; sie werden etwa dreimal öfter selbst depressiv als ihre Altersgenossen aus unbelasteten Familien. Das liegt nicht nur an den Genen, sondern auch daran, dass depressive Mütter anders mit ihren Kindern umgehen.

Persönlicher Tipp: Für viele Betroffene ist es oftmals eine große Erleichterung zu erfahren, dass Stoffwechselstörungen für ihre Depression mitverantwortlich sind. Dieses Wissen nimmt ihnen die Schuldgefühle. Nicht selten können sie dann auch die Einnahme von Medikamenten akzeptieren – wie bei anderen Krankheiten auch.

Wie eine Depression behandelt wird: Medikamente, Psychotherapie und andere Behandlungsformen

Medikamente

Antidepressiva

Antidepressiva gehören zur Gruppe der Psychopharmaka. Das macht einigen Angst; man denkt an chemische Keulen, Schlaf- und Beruhigungsmittel. Diese Ängste sind aber unbegründet. Es ist wissenschaftlich erwiesen, dass Antidepressiva (es gibt verschiedene Gruppen) bei einer Depression wirksam sind. Sie normalisieren den Stoffwechsel im Gehirn.

- Sie machen nicht, wie viele befürchten, abhängig (wie z. B. chemische Schlaf- und Beruhigungsmittel)!

- Sie verändern nicht die Persönlichkeit!

- Sie sind keine Aufputschmittel oder Stimmungsaufheller!

Aber wer krank ist, muss behandelt werden. Notfalls auch mit Medikamenten.

Ein bisschen Geduld braucht man schon

Antidepressiva wirken erst nach zwei bis vier Wochen. Das heißt: Nicht aufgeben, wenn die gewünschte Wirkung nicht sofort eintritt. Nebenwirkungen wie z. B. Mundtrockenheit, Übelkeit oder Müdigkeit treten oft zu Beginn der Behandlung auf. Sie lassen aber meist nach, sobald sich der Körper an das Medikament gewöhnt hat. Neuere Präparate werden von den meisten Patienten gut vertragen. Sprechen Sie mit Ihrem Arzt über Ihre Sorgen und Ängste, über Wirkungen und Nebenwirkungen der Medikamente. Diese Offenheit ist wichtig für den Erfolg der Behandlung.

Es gibt mehrere Gruppen von Antidepressiva. Sie unterscheiden sich in ihrem Wirkansatz, beeinflussen aber alle die Botenstoffe Serotonin und Noradrenalin. Manchmal dauert es länger, bis Sie mit Ihrem Arzt das für Sie passende Antidepressivum gefunden haben. Das Medikament muss unbedingt regelmäßig und wie verordnet eingenommen werden. Nicht eigenmächtig absetzen oder niedriger dosieren. Auch wenn Sie sich wieder besser fühlen! Ansonsten kann die Depression wiederkommen. Auch Bluthochdruck- oder Herzmedikamente müssen ja oft jahrelang eingenommen werden.

Persönlicher Tipp: Auch Antidepressiva können nicht die Probleme eines Betroffenen ändern oder seine Konflikte lösen. Aber wenn man dank der Medikamente nicht mehr nur von Hoffnungslosigkeit und Trauer beherrscht wird, kann man die Lösung anstehender Probleme besser in Angriff nehmen.

Benzodiazepine

Diese Medikamente werden manchmal begleitend für einige Tage oder Wochen eingesetzt, um die Angst zu lindern, die oft begleitend zur Depression auftritt. Benzodiazepine machen abhängig. Daher dürfen sie nur zur Akuttherapie eingesetzt werden und nicht länger als vier Wochen.

Johanniskraut

Bei leichten Depressionen sollte man Johanniskraut versuchen. Das Pflanzenheilmittel wird seit Jahrhunderten verwendet, wirkt beruhigend, reduziert Stress und ist schlaffördernd – meistens aber erst nach zwei bis drei Wochen. Johanniskraut gibt es als Tee, Elixier und Blütenöl. Lassen Sie sich unbedingt vom Arzt oder Apotheker beraten, da es große Qualitätsunterschiede bei den Johanniskrautpräparaten gibt und auch Wechselwirkungen mit anderen Medikamenten bestehen. Wichtig ist auch die entsprechende Dosierung, damit das Johanniskraut wirken kann. Vorsicht: Johanniskraut verursacht erhöhte Lichtempfindlichkeit! (Vgl. auch das Interview mit Prof. Dr. Ulrich Hegerl im Kapitel „Kompetenznetz Depression".)

Psychotherapie

Um künftig besser gegen mögliche depressive Attacken gefeit zu sein, kann auch ein Blick hinter die eigenen Kulissen sinnvoll und ratsam sein. Warum ist das Leben aus den Fugen geraten? In manchen Fällen genügt schon das einfühlsame Gespräch mit dem Arzt oder einem Freund. Für andere ist es wichtig, gemeinsam mit einem Psychotherapeuten die eigene Kindheit zu durchforsten. Oder Gegenstrategien zu erlernen, um anders mit Problemen umzugehen. Was genau im Einzelfall am besten ist, muss jeder für sich selbst herausfinden. Der individuelle Grad der Erkrankung – leicht, mittelschwer, schwer – spielt dabei ebenfalls eine entscheidende Rolle

Es gibt zahlreiche unterschiedliche Ansätze in der Psychotherapie. Bei der Behandlung von Depressionen bewährt haben sich der verhaltenstherapeutische und der tiefenpsychologische Ansatz. Letzterer dauert unter Umständen lange. Der Therapeut versucht, Erlebnisse – meist in der kindlichen Entwicklung – zu ermitteln, die zu der Erkrankung geführt haben könnten.

Bei der Verhaltenstherapie geht es darum, durch Gespräche und Übungen neue Strategien für den Umgang mit Problemen zu erlernen. Es wird versucht, eingefahrene negative Denkmuster zu verändern und das Vertrauen in die eigenen Möglichkeiten zu stärken.

Psychotherapeuten finden Sie über Ihren Hausarzt oder auch die Gelben Seiten im Telefonbuch (Stichwort: Psychotherapie). Rechnen Sie mit Wartezeiten.

Persönlicher Tipp: Klären Sie im Vorfeld die Kostenübernahme mit Ihrer Krankenkasse. Wenn Ihnen ein Psychotherapeut nicht zusagt, die Chemie nicht stimmt oder Sie sich einfach nicht angenommen fühlen, können Sie in den meisten Fällen auch noch weitere so genannte Erstgespräche führen, die von der Kasse gezahlt werden. Ganz wichtig für die Behandlung ist nämlich eine vertrauensvolle Arzt-Patient-Beziehung.

Weitere Behandlungsformen

Lichttherapie: Sind Sie regelmäßig in den trüben, sonnen- und lichtarmen Jahreszeiten – meist vom Herbst bis zum Frühjahr – antriebslos und müde? Dazu kommt ein Heißhunger auf Süßes? Dann leiden Sie vielleicht unter der so genannten saisonal abhängigen Depression (SAD), auch **Winterdepression** genannt. Nach Erkenntnissen der Wissenschaftler sind bis zu 800 000 Menschen in Deutschland davon betroffen. SAD wird auf die geringe Lichtmenge in den dunklen Monaten zurückgeführt, dauert etwa fünf bis sechs Monate. Im Frühjahr und Sommer ist alles wieder im Lot.

Im Vordergrund steht bei dieser Erkrankung die verminderte Energie, nicht die depressive Verstimmung. Die Betroffenen sind oft müde und wollen viel schlafen. In solchen Fällen hat sich die Lichttherapie bewährt. Sitzungen vor starken Lichtgeräten – es gibt tragbare Tischgeräte –, am besten vormittags für 30 bis 40 Minuten über eine Woche, bringen oft nach wenigen Tagen Besserung. Wie das genau funktioniert, ist noch nicht bekannt. Vor der Therapie sollten Sie die Augen untersuchen lassen.

Elektrokrampftherapie (EKT): Wenn verschiedene Therapien keinen Erfolg hatten – ist EKT trotz des schrecklichen Namens einen Versuch wert. Durch einen kurzen Stromstoß wird, natürlich unter Narkose, ein künstlicher Krampfanfall ausgelöst. Man nimmt an, dass dabei vermehrt Botenstoffe freigesetzt werden, wodurch die depressive Phase durchbrochen wird. Die Therapie dauert drei Wochen mit insgesamt neun bis zwölf Anwendungen, am besten stationär. Nebenwirkungen und Risiken sind durch neue Techniken gesenkt worden. Viele Patienten würden sich wieder für diese Therapie entscheiden, weil das Abklingen der Depression so erleichternd ist. EKT hat in der Öffentlichkeit keinen guten Ruf und steht daher nur in einigen Fachkliniken zur Verfügung.

Eine weitere mögliche Methode zur Behandlung von depressiven Erkrankungen wird zur Zeit noch erforscht: die **transkranielle Magnetstimulation** (TMS). Dabei stimuliert ein Magnetfeld die Nervenzellen in der Hirnrinde.

Wachtherapie: Sie ist einfach durchzuführen, gut verträglich, wirkt schnell und kann beliebig oft wiederholt werden. Die Wirksamkeit der Therapie ist erwiesen. Man bleibt eine Nacht und den darauf folgenden Tag wach – am besten mit anderen Betroffenen im Krankenhaus. Ihr Arzt kann das für Sie arrangieren. Nach einer durchwachten Nacht klingt die Depression häufig ab – zumindest für ein bis zwei Tage. Man vermutet, dass beim Schlafentzug die Kreisläufe der Botenstoffe neu geordnet werden. Zumindest machen Sie die Erfahrung, dass es Ihnen mal wieder richtig gut geht. Und das ist es allemal wert. Außerdem kann die Wachtherapie die Wirkung antidepressiver Medikamente verstärken. Vor allem, wenn sie mehrfach hintereinander durchgeführt wird.

Der richtige Arzt!

Wenn Sie das Gefühl haben, dass mit Ihrem Seelenleben etwas nicht stimmt, sollten Sie umgehend zu Ihrem Hausarzt gehen. Nach dem Motto: Lieber einmal zu viel als zu wenig. Schließlich geht es um Ihr Leben und Ihre Gesundheit. Der Arzt wird nach einem ausführlichen Gespräch und körperlichen Untersuchungen eine Diagnose stellen. Leider werden viele behandlungsbedürftige Depressionen gar nicht oder viel zu spät erkannt. Das liegt auch daran, dass Allgemeinärzte häufig nicht genügend Kenntnisse im Bereich depressiver Störungen haben. Ein engagierter Arzt wird Sie dann zu einem Facharzt überweisen. Das kann ein Psychiater, ein Psychologe, Psychotherapeut oder Nervenarzt sein. Und auch den können Sie wechseln, wenn Sie sich nicht gut aufgehoben oder unverstanden fühlen.

Persönlicher Tipp: Nur wenn Sie sich bei Ihrem Arzt wohl fühlen, können Sie mit ihm über alle Ihre Sorgen und Ängste offen sprechen. Nur dann kann die Behandlung Erfolg bringen.

Wenn die Angst krankhaft ist:
Panikstörung, Zwänge und Phobien

Manchmal steht bei einer Depression auch die Angst im Vordergrund. Angst hat eine wichtige Funktion in unserem Leben. Sie schützt uns vor Gefahren, signalisiert Alarm. Wenn allerdings Ängste das Leben und Handeln bestimmen, liegt eine ernst zu nehmende Erkrankung vor, die behandelt werden muss.

Angsterkrankungen gehören zu den häufigsten psychischen Störungen. Im Mittelpunkt steht die krankhafte Angst: Sie ist unangemessen, tritt ohne reale Bedrohung auf und führt zu Vermeidungsverhalten. Patienten mit einer Panikstörung leiden unter plötzlich auftretenden Angstanfällen mit folgenden Symptomen: Herzrasen, Schwitzen, Atemnot, Erstickungsgefühle, Enge im Hals, Übelkeit, Angst zu sterben, Hitzewallungen u. ä. Panikattacken sind oft verbunden mit Agoraphobie (Platzangst). Diese körperlichen Symptome können die Angst bis zur Todesangst steigern.

Facetten der Angst

Die Psychiatrie unterscheidet heute bei den *Angsterkrankungen* erstens *objekt- und situationsunabhängige Angst* mit ihren beiden Formen Panikstörung und generalisierte Angststörung. Die *Panikstörung* ist gekennzeichnet durch überwältigende Angstanfälle oder die anhaltende Sorge vor solchen Anfällen. Die Anfälle können aus heiterem Himmel auftreten, sind unerklärlich und oft begleitet von verschiedenen körperlichen Erscheinungen wie Schwindel, Benommenheit, Herzrasen, Herzklopfen, Atemnot, Muskelanspannung, Reizbarkeit, Ruhelosigkeit und dem Gefühl eines emotionalen Kontrollverlusts, des Verrücktwerdens oder des bevorstehenden Todes. Selbstverständlich können auch andere als die aufgezählten Symptome vorkommen, und keineswegs müssen alle zu beobachten sein. Es kommt zum so genannten Vermeidungsverhalten, bei dem die Betroffenen ihren Lebensstil und Aktionsradius einschränken und Orten oder Situationen aus dem Weg gehen, wo Angstanfälle auftreten könnten oder bei denen die Folgen dieser Anfälle besonders unangenehm sein könnten. Die Panikstörung kann mit oder ohne Agoraphobie auftreten, worunter Angst vor Panikattacken oder vor Alleinsein in öffentlichen Situationen zu verstehen ist. Die *generalisierte Angststörung* (die früher Angstneurose genannt wurde) ist definiert durch vorherrschende Angst, Besorgnisse oder Befürchtungen über alltägliche Ereignisse und Probleme über einen längeren Zeitraum; es muss abgeklärt werden, dass weder eine organische Erkrankung noch Medikamentenmissbrauch oder -entzug vorliegen. Die generalisierte Angststörung beinhaltet dauernde seelische oder vegetative Angst mehr oder minder intensiver Ausprägung.

Eine zweite Form der Angsterkrankungen wird unter dem Begriff *Phobie* zusammengefasst. Auch hier sehen wir Vermeidungsverhalten, können als Außenstehende die Stärke der Reaktion im Verhältnis zur tatsächlichen Gefahr nicht verstehen oder gar mit gut gemeinten Ratschlägen den Betroffenen helfen. Der wesentliche Unterschied zur erstgenannten Gruppe der Angsterkrankungen ist der, dass die Phobie ausschließlich mit bestimmten Objekten oder Situationen verknüpft ist wie bei der (isolierten) Agoraphobie, der sozialen Phobie (krankhafte Schüchternheit, Angst vor anderen Menschen, krankhaftes Lampenfieber) oder bei den so genannten spezifischen Phobien wie z.B. der Tierphobie oder der Höhenangst.

Die dritte Form der Angstkrankheiten sind die *Zwangsstörungen,* deren Häufigkeit auf etwa fünf Prozent aller Menschen geschätzt wird und bei denen Zwangshandlungen oder Zwangsgedanken das Leben beherrschen können; bei den Zwangsgedanken drängen sich Vorstellungen auf, die als persönlichkeitsfremd erlebt werden: Ich könnte mein Kind umbringen. Ich könnte aus dem Fenster springen. Ich verfluche Gott. Bei den Zwangshandlungen werden Verhaltensweisen nach strengen Ritualen ausgeführt, um Krankheiten oder Katastrophen zu verhindern: Ich muss mich immer wieder reinigen. Ich muss ständig die Wäsche wechseln. Ich muss pausenlos alles kontrollieren.

Persönlicher Tipp: Ein typisches Zeichen für Angstzustände ist das so genannte Hyperventilieren: Man atmet zu schnell und flach. Dadurch gelangt mehr Sauerstoff als nötig ins Blut und der Kohlensäurespiegel des Blutes sinkt. Das hilft: Atmen Sie langsam und lang in eine kleine Papier- oder Plastiktüte, bis sich Ihre Atmung wieder normalisiert hat. Auch einen Versuch wert: Bachblüten Nr. 39. Das sind die Rescue-Tropfen für den Notfall. Von ihnen träufelt man sich bis zu vier Tropfen auf die Zunge.

Tipps für Angehörige:
Im Gespräch bleiben

Akzeptieren Sie die Krankheit. Zeigen Sie Verständnis für den Betroffenen: Er stellt sich nicht an, kann sich nicht zusammenreißen. Depression ist eine Krankheit, die erfolgreich behandelt werden kann.

Versuchen Sie nicht, dem Betroffenen klar zu machen, dass alles doch gar nicht so schlimm ist. Dass es schon besser wird. Oder dass es andere Menschen gibt, denen es noch schlechter geht. Das bestärkt das Gefühl, versagt zu haben. Bei starken Zahnschmerzen oder Bluthochdruck helfen solche gut gemeinten Ratschläge ja auch nicht.

Vertrauen Sie sich jemandem an: Es erleichtert, wenn Sie bei einer Freundin Ihr Herz ausschütten und auch mal weinen können.

Suchen Sie ärztliche Hilfe. In den meisten Fällen können Angehörige und Betroffene die Krankheit nicht allein in den Griff bekommen. Eine Depression und ihre Begleiterscheinungen kann man nicht mit Willensstärke überwinden. Benachrichtigen Sie den behandelnden Arzt auch, wenn Suizidgedanken geäußert werden.

Überfordern Sie sich nicht. Erkennen Sie Ihre eigenen Grenzen der Belastbarkeit. Sie müssen auch mal auftanken, Unternehmungen mit Freunden und Bekannten machen.

Persönlicher Tipp: Treffen Sie in der akuten Krankheitsphase keine weiter reichenden Entscheidungen. In ein paar Wochen kann die Welt schon wieder ganz anders aussehen. Scheuen Sie sich nicht, Hilfe von außen in Anspruch zu nehmen (s. a. Hilfe aus dem Internet, Service).

Kompetenznetz Depression:
Es wird etwas getan

Das europaweit einmalige Projekt Kompetenznetz Depression informiert die Öffentlichkeit und die Ärzte über die Krankheit Depression: über Formen, Symptome und Behandlungsmethoden. Es will aufklären und damit die Versorgungssituation verbessern. Denn leider gilt: Nur die Hälfte der behandlungsbedürftigen Depressionen wird erkannt und richtig behandelt. Nicht nur Laien, sondern auch viele Ärzte unterschätzen die Häufigkeit und Schwere depressiver Erkrankungen.

Das muss nicht sein. „Denn 90 Prozent aller Depressionen können gut behandelt werden", weiß Prof. Dr. Ulrich Hegerl, Psychiater an der Universitätsklinik, München. Er leitet das Kompetenznetz Depression und koordiniert die verschiedenen Aktivitäten. Um Betroffenen gezielter helfen zu können, soll auch die Zusammenarbeit zwischen Forschungseinrichtungen der Universitäten sowie deren Kliniken und niedergelassenen Ärzten verbessert werden. Da die Hausärzte oftmals die erste Anlaufstelle von Betroffenen sind, ist es besonders wichtig, deren Blick für die Krankheit zu schärfen.

Das Kompetenznetz will auch neue Techniken der Kommunikation wie das Internet intensiv nutzen. Die Homepage *www.kompentznetz-depression.de* soll zu einer der wichtigsten Plattformen im deutschsprachigen Raum zum Thema Depression ausgebaut werden und auch mit anderen Internetseiten verlinkt werden.

Klicken Sie sich mal ein: Auf den kompetenten und informativen Sites gibt es jede Menge Adressen und Informationen rund um die Krankheit Depression. Mit Chatforum, Wissensquiz, Selbsthilfegruppen, Adressen und Links.

Fragen an Prof. Dr. Ulrich Hegerl von der Psychiatrischen Klinik der Ludwig-Maximilians-Universität, München. Leiter des Kompetenznetzes Depression.

Wann stellen Sie die Diagnose Depression?

Man muss unterscheiden zwischen gedrückter und depressiver Stimmung und Depression als medizinischer Erkrankung: denn hier kommen zu der depressiven Stimmung viele andere Störungen hinzu. Antriebsstörung, Kraftlosigkeit; Unfähigkeit, Freude zu empfinden; Schlafstörungen bis hin zu tiefer Hoffnungslosigkeit mit Gedanken, nicht mehr leben zu wollen, sich etwas anzutun. Wenn mehrere Symptome über ein bis zwei Wochen zusammenkommen, dann kann man die Diagnose mit recht großer Zuverlässigkeit stellen.

Woher kommt diese Erkrankung?

Eine schlüssige, klare Erklärung für die Depression hat man noch nicht. Weder auf der psychologischen noch auf der neurobiologischen Seite. Unser Gehirn ist eben sehr, sehr kompliziert.

Das große Problem ist, dass viele Betroffene meinen, depressiv zu sein sei persönliches Versagen. Darum betonen wir: Die Depression hat immer auch eine körperliche Seite, das Ungleichgewicht der Botenstoffe in bestimmten Hirnregionen. Dieses Ungleichgewicht ist dafür verantwortlich, dass man alles schwarz sieht, keinen Antrieb hat und unter Schlaf- und Appetitstörungen leidet.

Ein Beispiel kann dies verdeutlichen: Wer auf dem Oktoberfest nüchtern ins Bierzelt geht, der hält es dort kaum aus. Nichts wie raus. Nach einem Glas Bier sieht alles anders aus. Alkohol verändert auch die Funktion der Botenstoffe. Das eigene Verhalten und Erleben verändert sich innerhalb kürzester Zeit. So ist das auch bei der Depression. Sie verändert das Verhalten und Erleben, weil die Botenstoffe durcheinander geraten sind.

Auch Sie setzen nach Ihren Erfahrungen auf Antidepressiva und Psychotherapie als Behandlungsmethoden bei Depressionen.

Bei leichteren Depressionen reicht auch oft eines von beiden: Gespräch oder Medikament. Das kann und muss der Arzt im Einzelfall entscheiden. Viele Menschen profitieren von der Psychotherapie. Sie lernen, wie sie in Zukunft mit Belastungssituationen besser umgehen bzw. diese vermeiden können. Bei schweren Depressionen ist eine konsequente Behandlung mit Antidepressiva entscheidend. Wichtig ist das Krankheitsmanagement: über die Krankheit Bescheid zu wissen, Vor- und Nachteile von Antidepressiva zu kennen, die Diagnose Depression zu akzeptieren und sich darauf einzustellen. Wichtig ist auch, Frühsymptome erkennen zu lernen und im gesunden Zustand Schritte vorzubereiten, die beim Wiederauftauchen einer depressiven Phase notwendig sind, um sich Hilfe zu holen. Das ist ganz entscheidend für den weiteren Verlauf.

Empfehlen Sie bei leichteren Depressionen Johanniskraut?

Johanniskraut ist nicht gleichwertig zu synthetischen Antidepressiva. Es hat einen hohen Marktanteil, weil bei großen Teilen der Bevölkerung die Meinung vorherrscht: Chemie ist böse, Natur ist gut. Aber nur für wenige der zahlreichen angebotenen Präparate ist die Wirksamkeit bei leichteren Depressionen wissenschaftlich belegt worden. Die chemischen Substanzen in dem Johanniskraut sind nur zu einem Bruchteil bekannt. Johanniskraut-Präparate sind auch nicht harmlos. So kann die Wirkung anderer Medikamente in bedrohlicher Weise beeinflusst werden.

Welche Rolle spielen Sport und Ernährung bei einer Depression?

Wenn man eine schwere depressive Episode hat, muss konsequent medizinisch behandelt werden. Aber eine gute Lebensführung und ein ausgeglichener Tagesablauf sind wichtig, das muss man lernen. Sport und Ernährung sind ein Baustein dazu. Aber es wäre eine Verharmlosung der Krankheit zu sagen: Mach mal ein bisschen Sport, dann geht es dir besser.

Das Kompetenznetz Depression will über die Krankheit aufklären und nutzt ganz bewusst das Internet als Medium.

Im Internet kann sich jeder informieren. Wir haben derzeit täglich mehr als 1000 Besucher auf der Seite. Der Informationsbedarf auch bei Angehörigen zum Thema Depression ist groß.

Sie machen Mut mit Ihrer Aussage: Depression ist behandelbar.

Depressionen sind oft schwere Erkrankungen. Wenn ein Mensch eine depressiven Phase durchlebt hat, so weist er eine erhöhte Empfindlichkeit auf und trägt damit ein hohes Risiko, erneute in eine depressive Phase zu kommen. Diese erhöhte Empfindlichkeit tragen die Betroffenen mit sich, und eine Heilung im strengen Sinne ist so gesehen meist nicht möglich. Trotzdem können wir über 90 Prozent der Patienten sehr erfolgreich behandeln, indem wir durch unsere Therapie die depressive Phase durchbrechen und abkürzen oder durch eine Langzeitbehandlung das Wiederauftreten depressiver Phasen verhindern. Die Behandlungsmöglichkeiten bei depressiven Erkrankungen sind so gesehen besser als bei den meisten anderen medizinischen Krankheiten.

Hilfe aus dem Internet: Informationen für Betroffene und Angehörige

Ob depressive Menschen im Internet angemessene therapeutische Hilfe finden, ist unter Fachärzten umstritten. Denn der zwischenmenschliche Kontakt zum Arzt ist für den Erfolg einer Behandlung sehr wichtig. Und der fehlt im Internet ganz. Auf der anderen Seite können sich Betroffene und Angehörige informieren und dabei anonym bleiben. Manche Menschen, die sonst mit niemandem reden wollen, öffnen sich im Internet für Gespräche mit Psychiatern. Sie machen die Erfahrung, dass sie mit ihrer Krankheit nicht allein sind, dass es ärztliche Hilfe gibt. Im Idealfall führt das zu einem Besuch beim Arzt zur richtigen Diagnose. Leider sind viele Ärzte immer noch nicht mit dem Krankheitsbild Depression vertraut, erkennen es nicht oder behandeln es nicht Erfolg versprechend. Insofern kann der informierte Patient zur richtigen Diagnose beitragen.

www.kompetenznetz-depression.de: Kompetente und informative Sites. Mit Wissensquiz, Selbsthilfegruppen, Adressen von Krisendiensten übersichtlich nach PLZ-Gebieten geordnet und mit weiterführenden Links.

www.community.netdoktor.de: Tests, Expertenratschläge, Behandlungsmöglichkeiten.

www.telefonseelsorge.de: Zwei Mal wöchentlich Chatberatung (Termin ausmachen). Kostenlos und anonym. Bundesweite Adressen von Beratungseinrichtungen. Hilfe per E-Mail: beratung@telefonseelsorge.de. Auch auf Englisch und Russisch.

Persönlicher Tipp: Auch Vorsicht ist angesagt. Viele Informationen im Internet sind irreführend oder auch schlichtweg falsch.

Service:
Hier finden Sie Unterstützung

Akute Krise: Telefonseelsorge, gebührenfrei und rund um die Uhr zu erreichen: 0800/111 01 11 oder 111 02 22. In jeder Stadt finden Sie Unterstützung bei psychologischen Beratungsstellen und solchen für Ehe-, Familien- und Lebensfragen, über den ärztlichen Notdienst und die Ambulanzen der Krankenhäuser.

Hotline: Der Verein Horizonte hat bundesweit eine Beratungs-Hotline für Betroffene mit depressiven Störungen und für Angehörige eingerichtet. Ärzte, Sozialpädagogen, Psychologen bieten streng vertraulich Hilfe an: 0700/55 22 88 22, jeweils dienstags und donnerstags zwischen 18 und 20 Uhr.

Schwangerschaft: An der Universität Ulm gibt es eine Beratungsstelle für Medikamente in der Schwangerschaft. Prittwitzstraße 43, 89075 Ulm, Tel.: 0731-502-7625, Fax: 0731-502-6680.

Hilfe und Beratung gibt es auch hier:
(Anschriften jeweils im örtlichen Telefonbuch):
- evangelische und katholische Kirche
- Sozialdienst der psychiatrischen Kliniken
- Verband der freien Wohlfahrtspflege (Arbeiterwohlfahrt, Arbeiter-Samariter-Bund, Deutscher Caritasverband, Deutscher Paritätischer Wohlfahrtsverband, Deutsches Rotes Kreuz, Diakonisches Werk der Evangelischen Kirche)
- Krankenkasse
- Familienberatungsstelle
- Ambulanzen der Psychiatrischen Polikliniken aller Universitäten

Buch-Tipps

Niklewski, Günter, Riecke-Niklewski, Rose (1998)
Depressionen überwinden
Ein Ratgeber für Betroffene, Angehörige und Helfer.
Stifung Warentest, Berlin
ISBN 3-931-90815-1, € 16,–
Jede Menge Fakten rund um die Krankheit Depression. Über 250 Seiten,
ganz im umfassenden und informativen Stil der Stiftung Warentest.

Josuran, Ruedi; Hoehne, Verena; Hell, Daniel (1999)
Mittendrin und nicht dabei.
Mit Depressionen leben lernen.
Haffmanns Sachbuch, Zürich.
ISBN 3-251-40006-1, € 18,90, CHF 36,–
Zwei Betroffene, beruflich in der Medienbranche tätig, bekennen sich in
einem Briefwechsel offen und detailliert zu ihrer Krankheit, tauschen ihre
Erfahrungen aus und machen sich gegenseitig Mut.

Lange-Ernst, Maria-E. (2001)
Depressionen und Angsterkrankungen wirksam behandeln.
Medizinische Grundlagen verständlich erklärt.
Midena Verlag, München.
ISBN 3-310-00710-3, € 12,90, CHF 23,30
Für den schnellen Überblick: Medizinische Grundlagen, Therapien und
Behandlungsformen lesefreundlich aufbereitet.

Bücher, die leben helfen

Viktor E. Frankl
Das Leiden am sinnlosen Leben
Psychotherapie für heute
Band 4859
„Hier geschieht (was so oft versprochen und selten eingehalten wird) echte
Lebenshilfe!" (Bücherbord).

Liliane Juchli
Wohin mit meinem Schmerz?
Hilfe und Selbsthilfe bei seelischem und körperlichem Leiden
Überarbeitete Neuausgabe
Band 4745
Eine gut recherchierte und praktische Anleitung, Schmerzen zu bewältigen.

Gina Kaestele
Umarme deine Angst
Neun Helfer zur Verwandlung von Hilflosigkeit und Angst –
das praktische Selbsthilfeprogramm
Band 5110
Die erfahrene Therapeutin zeigt, wie sich Unsicherheit und Angst in positive
Kraft verwandeln lassen.

Verena Kast
Vom Sinn der Angst
Wie Ängste sich festsetzten und wie sie sich verwandeln lassen
Band 5525
Mit tiefenpsychologischem analysiert Verena Kast die Dynamik, die Angst zum
lebensbestimmenden Element macht.

Rudolf Köster
Das seelische Tief überwinden
Ein Leben – frei von Depressionen
Band 4962
Die praktische Hilfe zur Selbsthilfe für Menschen, die zu depressiven
Verstimmungen neigen. Informationen und Ratschläge für ein frohes Leben.

HERDER spektrum

André Marchand/Andrée Letarte
Keine Panik mehr
Selbsttherapie bei Panikattacken
Band 4977
Angst vor der Angst: Begreifen, was mit uns geschieht und das Leben wieder selbst in die Hand nehmen.

Eckhart H. Müller
Ausgebrannt – Wege aus der Burnout-Krise
Band 4996
Wie sehen die ersten Anzeichen des Burnout aus? Was kann man tun, um eine echte Krise wirksam zu verhindern.

Rüdiger Rogoll
Nimm dich, wie du bist
Wie man mit sich einig werden kann
Band 5111
Transaktionsanalyse konkret: Wer innere Konflikte aufarbeitet, kommt auch mit seinen Mitmenschen besser zurecht.

Cornelia Thiels
Das Selbsthilfeprogramm bei Depressionen
Neue Energien finden
Band 4980
Keine Lust, keine Energie – höchste Zeit, positiv etwas dagegen zu tun.

Jean-Marie Vanelle
Wenn ein naher Mensch depressiv ist
Dem anderen wirksam helfen
Band 4687
Ein Buch, das Angehörige unterstützt und zeigt, dass sie mit ihrer Verantwortung nicht allein sind.

HERDER spektrum